Interprete usted mismo sus sueños

Hélène Renard
con la colaboración de Nicola Otto

Interprete usted mismo sus sueños

Obra publicada bajo la dirección de Laure Paoli.

Traducción de Gustau Raluy.

Diseño gráfico de la cubierta: © YES.

ISBN: 978-1-64461-089-3

Índice

Capítulo 3

Capítulo 4

Conclusión

Soluciones de los ejercicios 87

Pequeño vocabulario de los sueños .. 93

Introducción

¿Cree que sus sueños tienen un significado, por difícil que sea descubrirlo? ¿Cree que quieren decir algo? Y si fuera así, ¿le gustaría entender sus mensajes? Entonces, este libro está hecho para usted. Pero si, por el contrario, usted considera que los sueños son únicamente fantasías carentes de significado y utilidad, lo mejor es que se busque una buena novela.

Nadie puede decirnos con exactitud de qué depende un sueño. En cualquier caso, no está sujeto a nuestra voluntad. Ni tampoco lo está totalmente a nuestros deseos, a nuestros proyectos, a nuestro pasado o a nuestras vivencias cotidianas. Pero, pese a todo, el sueño no está exento de todos estos elementos. Es como si el sueño se produjera en nosotros, pero sin nosotros.

Nadie sabe para qué sirven los sueños. Es un tema de debate entre psicólogos y científicos, y existen opiniones muy diversas. Lo que está claro es que deben tener alguna utilidad. Si no, ¿por qué existen? Resulta difícil de creer que el cerebro genere algo inútil.

Nadie puede pretender agotar el significado de un sueño. ¡Es tan rico en misterios! Un sueño nunca acaba de ser interpretado por completo. Pero, por lo menos, ¿se puede comenzar? ¿Es posible intentar acercarse a su significado?

Modestamente, y con toda humildad, la respuesta es sí. Si se dispone de unas bases metodológicas, se puede dar a cada sueño un significado, aunque sin pretender que sea el único que pueda otorgársele. Sin embargo, encontrar un sentido es ya un progreso.

Este «breve método» se propone transmitir dichas bases, que he ido elaborando con los años, a través de la experiencia y el diálogo con miles de soñadores. Escuchando las narraciones de muchos telespectadores y radioyentes,[1] he llegado a dos conclusiones: la primera es que los sueños son unos extraordinarios instrumentos de conocimiento de uno mismo; la segunda es que cada persona es el mejor «intérprete» de sus propios sueños, ya que es la única que conoce los elementos que conectan su vida con su sueño.

Este breve método le guiará paso a paso, etapa tras etapa, hacia una mejor comprensión de sus sueños. Le invitará a recordarlos mejor, a conservar su pista, a observar minuciosamente los elementos clave. Le mostrará cómo diferenciar las imágenes esenciales y cómo «enriquecerlas» mediante asociaciones de ideas y a través del conocimiento de los símbolos; le enseñará también a utilizar todo tipo de «instrumentos» y a identificar los temas recurrentes que se ocultan detrás de las imágenes.

En definitiva, le evitará caer en la trampa de las «claves de los sueños», que afirman perentoria y sumariamente: «Usted ha soñado esto, por lo que le ocurrirá esto otro». Es evidente que esto sería demasiado simple.

El breve método que propongo hace lo contrario: invita a dedicarle tiempo al sueño, el tiempo de observar y preguntar, de desmenuzarlo; el tiempo de saborearlo y apreciarlo, de sorprenderse con su inagotable creatividad; el tiempo de

---

1. Hablé sobre los sueños durante siete años en el programa Matin Bonheur, del canal France 2, y durante un año en RTL, atendiendo a una media de cinco oyentes diarios. Estos relatos de sueños constituyen el «material» sobre el que he trabajado.

contemplar el sueño, como un diamante que nos ofrece la riqueza de sus múltiples facetas.

El sueño es un espejo que no refleja más que nuestra verdad. Se erige como nuestro mejor aliado para progresar personalmente.

Capítulo 1

Conservemos la huella del sueño

¿Es usted una de esas personas que se acuerda fácilmente de uno, dos o incluso tres sueños cada noche? O, por el contrario, ¿le cuesta acordarse de sus sueños? Si este último es su caso, he aquí algunas indicaciones que le serán útiles.

1. Para acordarse mejor

Uno de los factores que contribuyen a una buena memorización es el interés que concedemos a nuestros sueños. Efectivamente, la memoria se concentra sólo en aquella información que considera importante y útil. Si estamos interesados en algo, lo memorizamos; si no, lo olvidamos.

Lo mismo sucede con los sueños. Si el soñador no está interesado en ellos o piensa que el sueño es una tontería o una fantasía del cerebro que no transmite ningún mensaje interesante, su memoria no hará ningún esfuerzo por retenerlo.

Sin embargo, si el soñador piensa que una parte de su vida se desarrolla en sueños (aproximadamente un tercio del tiempo) y le gustaría aprender a ser consciente de ello, si se interesa por los mensajes que transmite el inconsciente y los considera importantes, su memoria comenzará a retener los sueños.

Utilice la autosugestión y conviértase en un «solicitante» del sueño. «Llame» al sueño para que su interés sea tan fuerte que obligue a la memoria a funcionar. Es necesario que adopte una posición de receptividad y apertura. La autosugestión implica que debe condicionarse antes de ir a dormir diciéndose: «Esta noche voy a acordarme, al menos, de uno de mis sueños».

Me gusta recordar una experiencia personal con una amiga canadiense que nunca se acordaba de ningún sueño. Mientras cenábamos juntas un día, le regalé un ejemplar del Dictionnaire des rêves.[1] Al cabo de un tiempo, recibí una carta en la que me comunicaba que se había acordado por primera vez de un sueño, un sueño de un catastrófico incendio. Al hablar conmigo, encontró interesante el tema de los sueños y, gracias a este interés, comenzó a recordarlos.

Elementos que molestan a la memoria

Varios elementos pueden impedir la memorización:

— el estrés causado por el despertador cuando suena en mal momento. Si está en pleno sueño paradójico (véase pág. 19) y el despertador le despierta de golpe, la memoria se ve afectada. Lo ideal es, por lo tanto, tener un despertar natural, aunque esto no resulta siempre fácil. Las vacaciones son un momento excelente para entrenar la memorización de los sueños, ya que durante este periodo no tenemos la obligación de poner el despertador. De esta manera, el cerebro seguirá su propio ritmo y la memoria trabajará sin ser interrumpida por el ruido del despertador;

— los tranquilizantes, los somníferos u otros medicamentos, así

1. Renard, H.: Dictionnaire des rêves, Albin Michel, 1998.

como el alcohol o las drogas, pueden impedir igualmente la memorización de los sueños, ya que modifican sus fases. Si se perturba el ritmo del sueño, el cerebro no puede transmitir imágenes nocturnas de manera natural. En efecto, los sueños inducidos por somníferos no son normales, pues la mayoría de ellos tienen una duración menor del sueño paradójico, el cual es indispensable para un buen reposo y para la producción de sueños. Así pues, se necesita un sueño sano para favorecer la memorización de los sueños. Es preferible utilizar otros medios para dormir mejor: actividades relajantes por la noche, como la lectura, escuchar música tranquila, un baño tibio que favorezca la relajación muscular, una tisana sedante, leche caliente con azúcar...

Puede haber igualmente elementos psicológicos que impidan la memorización. En los casos de inhibición, la propia persona rechaza el recuerdo de su sueño.[2]

2. Anotemos el sueño

El problema del sueño es que es extremadamente fugaz, como una materia volátil. Por esta razón, hay que darle cuerpo inmediatamente y materializarlo, ya sea por escrito, ya sea oralmente o dibujándolo. Existen dos formas de escribir un sueño. Una forma no excluye a la otra, y se pueden utilizar ambas a la vez: puede anotarlo a la mañana siguiente o bien durante la noche, siempre y cuando no tenga demasiadas dificultades para volverse a dormir.

2. Para ampliar la información, véase «Nociones fundamentales de psicoanálisis», en la pág. 57.

El olvido de los sueños, según Freud

Según Freud, la mayoría de las imágenes del sueño se olvidan porque son demasiado débiles. Al igual que ocurre en el estado de vigilia, olvidamos un gran número de sensaciones y percepciones cuando estas no son suficientemente destacables. Asimismo, aquellas imágenes que, dentro del sueño, no han llegado a producir una fuerte excitación mental acaban reduciéndose a sombras destinadas al olvido.

Una segunda razón para el olvido de los sueños, según Freud, es la singularidad de las imágenes: no las recordamos porque solamente aparecen una vez y no dejan una huella excesivamente fuerte como para ser retenidas.

La tercera causa más importante para el olvido es la falta de coherencia del sueño. Las imágenes, las sensaciones y los pensamientos aparecen de manera independiente, sin relación ni contexto. Esta falta de orden y claridad del sueño impide muchas veces su memorización: «Lo olvidamos porque, en la mayor parte de los casos, se desorganiza enseguida».*

Freud propone igualmente la posibilidad de que, a partir del momento en que nos despertamos, las impresiones del día sean tan intensas que hagan desaparecer las imágenes del sueño. Sin embargo, algunas de estas imágenes pueden ser recordadas durante el día gracias a una percepción u hecho particular que evoca por casualidad el sueño olvidado.

* Freud, S.: La interpretación de los sueños, Biblioteca Nueva, 2000.

En ambos casos es importante escribir el sueño inmediatamente, aunque se comience por la última imagen (a veces es preferible no buscar a toda costa el comienzo del sueño para no correr el riesgo de olvidar la última imagen). Al principio, puede conformarse con anotar las imágenes sin seguir ningún orden.

Por la mañana al despertarse

La primera técnica consiste en anotar todo lo que se recuerde del sueño al despertar por la mañana. Esto no implica tener que redactar un relato. Podemos tomar algunas notas sin hacer una redacción. Estas notas son únicamente una pauta para acordarse del sueño. También podemos contar el sueño a otra persona. El mismo hecho de verbalizarlo hace que quede grabado en la memoria.

Cuando tenía mi espacio en la televisión sobre los sueños, todas las mañanas llamaban muchos telespectadores para contar sus sueños. He conservado todos sus relatos porque constituyen un material de trabajo muy importante.

Todas estas llamadas demuestran que muchas personas se acuerdan de los sueños que han tenido y sienten necesidad de contarlos, especialmente cuando les inquietan. Se tienen más ganas de contar los sueños extraños o inquietantes que los divertidos, aunque, en mi opinión, estos últimos también son interesantes.

Durante la noche

La otra técnica consiste en escribir el sueño durante la noche. Cuando dormimos, todos tenemos ciclos de sueño que duran unos noventa minutos. A este ritmo, pasamos de una fase de sueño a otra, de la fase de sueño profundo a un sueño más ligero, al que llamamos paradójico. En el momento en que entramos en una fase de sueño paradójico se produce un breve instante de desvelo: cuando nos damos la vuelta en la cama, cuando cambiamos de posición, etc. Puede aprovechar este ligero momento de conciencia para anotar dos o tres palabras en un papel. Es una cuestión de entrenamiento. Al cabo de unos días o unas semanas, lo hará fácilmente.

Las fases del sueño

El sueño se caracteriza por la pérdida de conciencia del mundo exterior y un desarrollo relativamente más lento de las funciones del organismo. Se distinguen dos fases de sueño diferentes: el sueño lento y el sueño paradójico, que se suceden en ciclos de unos noventa minutos y se repiten tantas veces como el organismo necesite.

El sueño lento

Se divide en cuatro etapas:

- Fase 1: es la etapa del adormecimiento, en la que los músculos comienzan a relajarse, las funciones visuales y auditivas experimentan una regresión y las actividades intelectuales se vuelven cada vez más confusas. El adormecimiento transcurre durante un periodo muy corto y se caracteriza por las ondas alfa, que son las mismas de la relajación, es decir, las de una persona despierta y en reposo con los ojos cerrados.
- Fase 2: no se observa apenas actividad muscular, aumenta la amplitud de las ondas registradas en ese momento y empieza a ser más difícil despertarse.
- Fase 3: el sueño se hace mucho más profundo. El cerebro emite ahora ondas de tipo delta, las ondas cerebrales más lentas, que se caracterizan por una frecuencia débil y una amplitud fuerte. En esta fase, que se produce unos veinte

minutos después del adormecimiento, los sueños son frecuentes.

- Fase 4: es la etapa del sueño lento profundo, caracterizada por las ondas delta, con una frecuencia muy baja. Las señales vitales alcanzan su menor nivel y los músculos voluntarios se relajan. La fase 4, que corresponde a una etapa de reparación física o metabólica, es difícil de interrumpir: cuando despertamos a una persona durante esta fase, experimenta una sensación muy incómoda de confusión y desorientación.

El sueño paradójico

El sueño paradójico tiene lugar en la cuarta fase del sueño lento y aparece unos noventa minutos después de que la persona se haya dormido. Las ondas que emite el cerebro se vuelven muy irregulares hasta que aparecen las ondas alfa, características de la primera fase y del estado de relajación. Destacan diversas manifestaciones físicas: comienzan los movimientos rápidos de los globos oculares (REM, Rapid Eyes Movement), se incrementa la temperatura corporal, el corazón empieza a latir más rápido, se acelera la respiración y el cerebro consume una gran cantidad de oxígeno. El cerebro se encuentra ahora en un estado muy particular, próximo a la vigilia: de ahí, la expresión de sueño paradójico. Durante esta fase, la energía necesaria para el desarrollo de las activida des cerebrales es mayor incluso que la que se utiliza en estado de vigilia. En este momento es cuando soñamos con mayor frecuencia. Si nos despertamos durante esta fase, nos acordamos más fácilmente de nuestros sueños. Si tenemos en cuenta que dormimos una media de entre seis y ocho horas diarias y que las fases del sueño paradójico se repiten cada noventa minutos, todos nosotros soñamos entre cuatro y cinco veces por noche.

3. El diario de sueños

En un diario de sueños se utilizan las notas tomadas durante la noche o al despertarse y se redactan con el fin de obtener un relato más completo del sueño.

Es importante establecer la distinción entre la hoja que usamos durante la noche, en la que únicamente anotamos algunas palabras claves del sueño, y el diario de sueños, que merece una redacción más cuidada. Sin embargo, tenga cuidado y no deforme el sueño a la hora de redactarlo: no busque palabras complicadas, respete el sueño tal y como lo haya vivido y evite convertirlo en un ejercicio literario. Para conseguirlo, procure contarlo de una forma espontánea, sin buscar un estilo particular o una ortografía perfecta.

En principio, este diario de sueños es secreto y pertenece a la esfera de lo íntimo. Además, puede ser especialmente interesante para seguir la evolución de uno mismo. Si pone fecha a sus sueños, podrá releerlos dentro de unos meses o unos años y compararlos con sus vivencias.

Cada uno debe saber cuál es el mejor momento del día para dedicarse a su diario. Por ejemplo, yo lo redacto por las mañanas mientras desayuno.

Su diario

Considero que es importante que el diario de sueños sea un objeto bonito, con un aspecto y un tacto agradables. Hay quien prefiere los cuadernos de colegio; otros, los cuadernos con hojas blancas sin líneas. Yo, personalmente, escojo libretas bonitas. No le aconsejo las hojas sueltas, ya que pueden extraviarse fácilmente.

El momento que dedique a la redacción del sueño debe ser agradable: conviene que se sienta a gusto cuando confíe el secreto de la noche a su diario. Esta relación con el objeto me parece preciosa.

Capítulo 2

Identificación de los elementos clave. La fase de observación del sueño

Antes de intentar comprender el significado de un sueño, es indispensable empezar descomponiéndolo en varios elementos. En este estadio, no se trata de interpretar, sino de observar: miramos el sueño, lo desmenuzamos para tener un enfoque lo más preciso posible. Lo examinamos desde todos los ángulos sin tratar de darle un sentido. Las siete etapas descritas a continuación consisten en identificar, observar, considerar, etc. Más tarde volveremos al significado de cada uno de los elementos señalados.

1. Identificación de la imagen dominante: pongamos un título al sueño

En primer lugar, vamos a identificar la imagen dominante. Podemos hacerlo de dos maneras:

— la primera consiste en decirse: «he soñado con...», y lo que sigue a continuación es la imagen dominante (un animal, mi familia, dinero, un coche, etc.);

— la segunda consiste en poner un título al sueño, que permitirá identificar de inmediato la imagen dominante.

En algunas ocasiones resulta difícil identificar la imagen dominante y distinguirla de las secundarias. Otras veces puede haber varias imágenes fuertes que predominan en el sueño. Al poner título al sueño y decir: «He soñado con...», veremos qué imagen parece más intensa. De esta forma, nosotros decidiremos la imagen dominante. Sin embargo, nada impide que haya dos. Se puede decir: «He soñado con un perro» o «he soñado con un perro y su dueño», pues ambos papeles pueden resultar igualmente importantes.

La imagen dominante no basta por sí sola para interpretar el sueño. Es necesario fijarse igualmente en otros elementos antes de proceder a la interpretación.

> *«He soñado con un coche: mi coche iba marcha atrás por una carretera empinada y yo no conseguía frenar. La persona que iba detrás, un niño, se ponía a gritar.»*

La imagen dominante es el coche. El hecho de que vaya marcha atrás es una imagen secundaria. La palabra secundaria no significa «menos importante», sino que solamente indica que esta imagen o este detalle ocupa el segundo lugar detrás de la imagen dominante.[1] Decimos: «He soñado con un coche» y titulamos el sueño como «El coche loco» o «El coche que va marcha atrás». La imagen dominante sigue siendo en ambos casos el coche. El niño que grita es una imagen secundaria.

---

1. Tal como se explica en «Las imágenes secundarias y los detalles», en la pág. 29.

«Me encuentro en una fiesta con mi marido y él sólo se interesa por otra mujer. No me habla y parece estar divirtiéndose mucho bailando con ella.»

Aquí la imagen dominante es el marido infiel.

«En mi sueño estoy de nuevo en el colegio: vuelvo a pasar la selectividad y saco una mala nota.»

La imagen dominante es el colegio o el examen. La selectividad y la mala nota son imágenes secundarias.

El tema dominante

No deben confundirse la imagen y el tema dominantes. En el sueño del marido, hemos identificado al marido infiel como imagen dominante. Sin embargo, el tema dominante son los celos generados por una sospecha de infidelidad. En el sueño del examen, el tema dominante es el miedo a ser juzgado.

Al identificar el tema, usted se encuentra ya dentro de una fase de interpretación. No obstante, antes de dar un sentido al sueño, es importante extenderse en la fase de descripción. No debemos intentar encontrar enseguida un significado a las imágenes: conformémonos con elaborar la lista.

2. Definamos el escenario

El escenario es muy importante en los sueños, constituye el ambiente en el que se desarrollan: un paisaje, una casa, un lugar público, etc. Por regla general, aparece a partir del momento en que se cuenta o se escribe el sueño. Al decir: «Ocurría en...», determinamos automáticamente el escenario. Así pues, definámoslo cuidadosamente. La importancia del decorado va ligada a su función simbólica:

— el bosque, por ejemplo, simboliza una cierta profundidad, cosas inquietantes en nuestro interior que no conocemos muy bien. Por ello, es el símbolo del inconsciente;
— si estamos en la orilla de un río o en el borde de una piscina, la simbología del escenario no es la misma: en el primer caso, el agua se dirige hacia la desembocadura; en el segundo, el agua está estancada entre cuatro muros.

El decorado, por lo tanto, da por sí solo una pista importante para la interpretación. No obstante, no intentemos entender de inmediato su significado. Como ya hemos dicho anteriormente, nos encontramos todavía en la fase de observación pura del sueño. Más tarde, ya explicitaremos el significado de este decorado.

Es importante que la descripción sea lo más precisa posible. Si el sueño transcurre en una casa, por ejemplo, se debe determinar en qué parte concreta de ella nos hallamos. Cada una de las estancias de la casa, ya sea el sótano, el desván, la cocina o la habitación, tiene un significado simbólico diferente.[2]

Evidentemente, el escenario puede cambiar a lo largo del sueño: puede comenzar siendo un paisaje, luego un bosque y terminar en el interior de un castillo. En tal caso, debemos anotarlos todos, ya que cada uno de ellos puede proporcionar elementos interesantes y útiles para realizar la interpretación posterior.

---

2. Véase «Las diez imágenes más frecuentes en los sueños», en la pág. 95.

El hecho de que el decorado aparezca en blanco y negro o en color no es demasiado significativo. Además, no se sabe con certeza por qué ciertas personas sueñan en blanco y negro y otras en color. En el sueño, los colores pueden llegar a ser importantes solamente en dos casos: cuando la persona que está soñando menciona un color específico o cuando se produce una incongruencia en el escenario, por ejemplo, si un río no es azul o verde, sino de color rojo sangre. En este caso, el color se convierte en un elemento importante para la interpretación, pues adquiere un significado simbólico.

El frigorífico
«Estoy en mi cocina nueva cuando se avería el frigorífico. No encuentro el número del servicio de reparaciones y no hay nadie que pueda echarme una mano.»

El escenario es la cocina, que simboliza la transformación, pues es en este lugar donde se transforman los ingredientes «crudos» en platos elaborados. La imagen dominante es el frigorífico averiado.

El jardín
«En mi sueño, abro los postigos y veo que todos los bulbos de mi jardín han dado unas magníficas flores amarillas. Estoy muy contenta porque al fin voy a poder regalar estas flores a las personas que quiero.»

Aquí, el escenario corresponde a la imagen dominante del sueño: el jardín, símbolo extremadamente fuerte de la vida interior de la persona. El jardín le indica que debe cultivar su vida interior y no dedicarse únicamente a actividades externas que dependen más de su yo superficial.

> *La habitación de hospital*
> *«Estoy en una habitación de hospital con respiración asistida. No tengo autonomía de movimiento. Dos hombres vienen a verme y, cuando ellos están allí, no puedo respirar.»*

El escenario es el hospital, lugar de recuperación pero también de sufrimiento. Indica que el soñador sufre, que necesita curarse. Este ejemplo ilustra la importancia del decorado en la interpretación.

3. Desglosemos las escenas como si escribiéramos un guión

Hasta ahora, hemos anotado algunos elementos del sueño sin prestar atención a la sucesión de las imágenes. Ahora, para poner el sueño en orden, lo desglosaremos en diferentes escenas como si fuese un guión: debemos identificar la primera escena, después la segunda, la tercera, etc., hasta la escena final. Desglosar las escenas del sueño permite establecer un hilo conductor, estructurar el sueño y asegurarse de no omitir ningún elemento importante. La interpretación será luego mucho más precisa.

> *El incendio*
> *«Mi lugar de trabajo estaba ardiendo. El incendio causaba estragos, pero yo no quería marcharme y me enojaba tener que abandonar mis ocupaciones (escena 1). El suelo amenazaba con hundirse (escena 2). Fue entonces cuando mi jefe me acusó de haber provocado el incendio (escena 3). Esto me irritó sobremanera (escena 4). Al final, el fuego era controlado y veía llegar a mi familia, que me decía:*

> *«Ahora que todo se ha quemado, podemos marcharnos" (escena 5).»*

Este sueño puede titularse «El incendio». La primera frase hace referencia al escenario: una oficina. A continuación, se diferencian cinco escenas que se corresponden con la puntuación del relato, pues este sueño destaca porque cada una de las escenas se narra en una frase independiente. Cuando llegue el momento de la interpretación, retomaremos cada una de las cinco escenas para examinar detalladamente las imágenes y su simbolismo.

> *El asesino desenmascarado*
> *«En mi sueño, me hallaba en el salón de casa. Había encontrado la prueba de un asesinato. Oí abrirse una puerta (escena 1). Era un hombre al que no conocía, con una cara repugnante y deformada, y los párpados arrugados. Él era el asesino (escena 2). Me acercó sus manos al cuello, y yo caí sobre el sillón y me desperté sobresaltada (escena 3).»*

Después de haber identificado la imagen dominante al poner título al sueño «El asesino desenmascarado», y tras haber definido el escenario (el salón), hemos desglosado el sueño en un guión con tres escenas.

4. Las imágenes secundarias y los detalles

En esta cuarta fase es importante fijarse en todas las imágenes y los detalles del sueño que todavía no recordábamos cuando determinamos la imagen dominante, el decorado o las diferentes escenas. Anotemos todos los elementos que no han sido descritos con anterioridad sin tratar de jerarquizarlos.

Todas las imágenes que no han sido identificadas como dominantes son secundarias. Los detalles constituyen todo lo que no es necesariamente una imagen entera, sino una particularidad de esta. A pesar de que a menudo nos parezca que los detalles carecen de interés, pueden ser determinantes en la interpretación. Anótelos, porque un detalle puede cambiarlo todo y orientar la interpretación en una dirección u otra. De momento, tome nota de ellos y más tarde veremos si pueden servir para entender el mensaje del sueño.

Ejemplos

El coche que va marcha atrás

Retomando el sueño del coche que iba marcha atrás (descrito en la pág. 24), la imagen dominante es, como ya hemos visto, el coche, que aquí sirve también de escenario, pues la acción se desarrolla en su interior. El hecho de que vaya marcha atrás es una imagen secundaria. Pueden distinguirse otras dos imágenes secundarias importantes: el hecho de que no se consiga frenar y que la persona que vaya detrás sea un niño que se pone a gritar. Un detalle nada despreciable puede ser la carretera empinada.

> *Los inquilinos invasores*
>
> *«Había comprado un bonito apartamento con terraza. Yo vivía allí tranquilamente con un amigo. Un día, aparecen unos inquilinos, entran con una llave y me dicen que ellos han alquilado el apartamento y tienen derecho a quedarse allí. Estoy disgustada. Y cuando me siento a la mesa para comer,*

ellos también lo hacen. No obstante, como sin hacerles el menor caso.»

La imagen dominante es la de los inquilinos invasores y el escenario, el apartamento. A continuación, pueden distinguirse las siguientes escenas:

— escena 1: «He comprado un bonito apartamento en el que me encuentro bien»;
— escena 2: «Los inquilinos entran con una llave y dicen que han alquilado el apartamento»;
— escena 3: «Me siento en la mesa y ellos también están allí»;
— escena 4: «Como sin hacerles caso».

El hecho de que los inquilinos tengan una llave es una imagen secundaria. También lo es que tengan derecho a quedarse y que coman en la misma mesa.

En este sueño, pueden distinguirse al menos tres imágenes secundarias. Un detalle importante puede ser que el apartamento tenga terraza, lo que da la idea de una vivienda acomodada.

5. Analicemos nuestro comportamiento y nuestro ánimo durante el sueño

Anote su comportamiento y su estado emocional tal y como se dejan entrever en el relato del sueño. Esto debe hacerse en cada una de las escenas, si el guión lo requiere.

— ¿Qué hace en el sueño?
— ¿Cómo reacciona?
— ¿Qué siente?

— ¿Qué actitud tiene durante el sueño?

Para distinguir mejor los comportamientos y las emociones, diga simplemente: «Hago esto y siento aquello». Experimentamos estos sentimientos durante el sueño y quizá los revivamos al contarlo.

No obstante, es importante dejar de lado en esta etapa de la observación la escena final. Fijémonos solamente en los sentimientos, las reacciones, los gestos y las acciones que emprendemos a lo largo del sueño. Al concentrarnos en estos elementos —que a menudo son menos destacables que los comportamientos o las emociones de la última escena—, nos aseguramos de que no nos olvidamos de nada. La interpretación del sueño será así más rica y completa.

La última escena se tendrá en cuenta únicamente al final de la fase de observación. Volveremos sobre este punto más adelante.

> *La ola enorme*
>
> *«Estaba al pie de una duna, en la playa. Había muchos bañistas, pero todo estaba tranquilo. Al mirar el horizonte, vi llegar una enorme ola gris. Traté de avisar a la gente, pero nadie me escuchaba. Huí trepando por la duna, y el agua llegó a mis pies. Todo el mundo se había ahogado, excepto yo.»*

La imagen dominante es la enorme ola; el decorado, la duna. Desglosemos el sueño:

— escena 1: en la playa hay muchos bañistas, todo está tranquilo;

— escena 2: llegada de la enorme ola;

— escena 3: el soñador intenta avisar a todo el mundo;

— escena 4: huye por la duna y el agua le llega a los pies;

— escena 5 (escena final): «Todo el mundo se había ahogado, excepto yo».

El primer comportamiento del soñador es intentar advertir a los demás cuando ve la gran ola. Otro comportamiento que debe destacarse es la huida por la duna para «salvar el pellejo». Las emociones van de la inquietud a la angustia y el pánico.

> *El pájaro*
>
> *«Cerca de mí hay un pájaro y, de manera muy natural, me transformo en él. Mis piernas se convierten en patas, mis pies en garras, mis brazos en alas, etc. Empiezo a volar muy alto, con un sentimiento increíble de poder.»*

Aquí no se menciona ningún decorado en particular. La imagen dominante es, obviamente, el pájaro. ¿Qué hace el soñador? Convertirse en pájaro. ¿Qué siente? Un poder increíble. ¡Qué fácil es señalar los comportamientos y emociones con estas dos preguntas tan simples!

6. Observemos a los personajes

Identifiquemos a los otros personajes que aparecen en el sueño, así como sus comportamientos y, eventualmente, sus emociones. Observemos qué hacen y qué dicen.

Con mucha frecuencia, los personas que vemos en el sueño, ya sean familiares, ya sean extraños, representan aspectos de nosotros mismos. A menudo, el sueño no pone directamente en escena al soñador, sino que utiliza otros personajes para reflejar su actitud o su comportamiento. Por regla general, soñamos con nosotros mismos porque el sueño es una herramienta para conocernos a nosotros mismos.[3]

Por ejemplo, si soñamos con un familiar, este puede representar simplemente un aspecto de nosotros o la relación que mantenemos con él. Por lo tanto, es especialmente importante observar los comportamientos y los sentimientos de otros personajes para analizar finalmente nuestra propia personalidad.

En el sueño ya citado del incendio (pág. 28), el soñador ve a su jefe. Este sueño parece poner en escena un malestar generado en el contexto profesional. Pero el protagonista es acusado de haber provocado el fuego: esto significa que, en realidad, el sueño traduce un sentimiento de culpabilidad y el jefe simboliza el miedo a ser injustamente acusado o culpado de los errores.

Así pues, los personajes materializan un sentimiento muy profundo en el protagonista del sueño: generalmente son el miedo, la culpabilidad, el desprestigio, la agresividad, el amor, etc.

Es conveniente analizar a los personajes, pero sobre todo desde un plano simbólico: en efecto, no se sueña forzosamente con la persona que aparece en el sueño; esta representa o simboliza una situación problemática a la que nos enfrentamos.

Tomemos otro sueño frecuente: verse como un padre que golpea a su hijo. Es un sueño muy perturbador, lo cual no quiere decir que la persona que sueñe esto tenga un deseo inconsciente de pegar a su hijo, sino que la relación que mantiene con este presenta problemas. En este caso, hay que examinar hasta qué punto la relación con el niño

---

3. Con excepción de los sueños premonitorios (véase pág. 161).

es mala o insatisfactoria. Lo que el soñador quiere eliminar no es el niño, sino el sufrimiento que provoca su relación con él.

> *El marido infiel*
> *«Sueño a menudo con mi marido. Está conmigo, en casa. Pero la mayor parte del tiempo estoy preocupada porque veo que me abandona y se marcha de casa para irse a vivir con otra mujer más joven.»*

Aquí, el personaje dominante es el marido. El sueño puede entenderse en diferentes niveles: puede ser que esta esposa sueñe con una realidad que se niega a afrontar (si su marido es realmente infiel) o puede ser que dude de sí misma y no tenga suficiente confianza en su propia capacidad de seducción. El marido simbolizaría entonces un sentimiento que experimenta la mujer que sueña: la tendencia a menospreciarse. En todo caso, y salvo excepciones, este sueño no es premonitorio, pues el personaje del marido sólo simboliza uno de los aspectos de la mujer.

> *El hombre amenazador*
> *«En todos mis sueños, él está ahí: un hombre desconocido del que sólo puedo distinguir la cara. Me sigue por una calle oscura. Me da miedo que vaya armado, pero nunca me ataca. Se conforma con hacerme pasar miedo.»*

Cuando sueña con un malhechor, un hombre que está dispuesto a agredirle, le persigue o se oculta entre las sombras, etc., se trata normalmente de un personaje que representa una parte del soñador (o, de nuevo, una amenaza concreta de la realidad que el soñador se niega a ver, una «realidad negativa»). C. G. Jung llama a esta parte la sombra:[4] es la zona oscura de la cual el soñador no quiere tomar conciencia y que no quiere poner de manifiesto, para no enfrentarse a su propia verdad.

7. Aislemos la escena final

Llegamos finalmente a la última escena, con la que termina su sueño. A menudo, contiene el mensaje que el sueño quiere transmitir. En general, se caracteriza por un cambio de situación, una reacción del soñador, etc. Frecuentemente, es la escena final la que le indica si va por buen camino y adopta el comportamiento adecuado para avanzar o si, por el contrario, está completamente desencaminado. Al identificar la escena final, se le da un valor propio que puede resultar útil para la interpretación.

Sin embargo, hay sueños que no tienen una escena final fuerte y, por lo tanto, esta es únicamente la continuación de lo que ha ocurrido antes. Lo importante no tiene por qué encontrarse al final, sino que puede aparecer en algún momento anterior del sueño. En este caso, es obvio que usted no puede atribuir un significado concreto a la escena final.

> *El pájaro herido*
>
> *«Vi un pájaro caído de un árbol. Me lo llevé a casa para cuidarlo (escena 1). Lo trataba como a un bebé, lo colocaba en una camita, le ponía pañales, etc. (escena 2). A la*

---

4. Véase en el capítulo siguiente el apartado dedicado a las principales nociones jungianas (pág. 60 y siguientes).

mañana siguiente, continuando todavía con mi sueño, había un bebé de verdad en lugar del pájaro (escena final).»

Imagen dominante: el pájaro caído del árbol.

Escenario: la vivienda de la soñadora.

En la escena final, el pájaro ha sido reemplazado por un bebé de verdad. Es una señal de que la soñadora está dedicando una atención mayor a su persona más profunda, a sí misma, simbolizada por el bebé.

El teléfono

«Desde hace un año sueño que mi padre, que falleció trágicamente en un accidente de coche, intenta llamarme desde un teléfono público (escena 1). Yo lo veo, descuelgo el teléfono, pero la línea se corta (escena final).»

En este caso, la escena final corresponde a la última frase: la protagonista ve a su padre, descuelga el teléfono, pero no puede hablar con él. A pesar de sus esfuerzos, la comunicación con su difunto padre no es posible. Ella actúa (descuelga) para establecer una comunicación, pero se ve obligada a constatar la realidad: la línea está cortada.

El marido desaparecido

«Estoy en el casino con mi marido. Otro hombre me invita a bailar (escena 1). Mi marido escoge a una joven rubia con el cabello rizado. Mientras bailamos, lo vigilo para ver si flirtea con ella (escena 2). Cuando vuelvo a sentarme, mi marido se ha marchado. Intento encontrarlo con el coche, pero no lo consigo (escena final).»

Este es un buen ejemplo de que el mensaje del sueño puede estar contenido en la escena final: «Intento encontrarlo, pero no lo consigo». La soñadora no es pasiva, quiere hacer algo por su marido, pero no tiene éxito. El sueño le da a entender que no hay un final posible para que ella se sienta ofendida, que le falta confianza en sí misma. El hecho de que ella salga a la búsqueda de su marido «en coche» es especialmente importante. En los sueños, el coche representa siempre la conducta, la manera de comportarse. El mensaje del sueño puede ser que la forma en que enfoca la relación con su marido no es la correcta. Su comportamiento no le llevará a encontrarlo, a reencontrarlo profundamente.

La esquematización de un sueño complejo

Hasta ahora he facilitado sólo ejemplos de sueños muy cortos, pero algunos sueños pueden ser muy largos y parecer complicados, porque comprenden varias historias a la vez, o porque se desarrollan en escenarios diferentes o en varios momentos distintos. Son sueños que podemos calificar como «complejos».

Carl Gustav Jung aconseja esquematizar los sueños complejos según un modelo que puede aplicarse a casi todos los casos.[5] Veremos que recoge en varios puntos el método en siete etapas que yo propongo.

1. Situación: lugar, tiempo, personaje del drama.
2. Exposición: presentación del problema.
3. Trama: presentación de la acción, surgimiento de la catástrofe.

5. Jung, C. G.: Sur l'interprétation des réves, Albin Michel, 1998, pág. 47.

4. Final: resultado del sueño, conclusión significativa. Representación compensatoria de la acción del sueño.

Jung sugiere que consideremos los sueños desde este ángulo, ya que la mayor parte de ellos proceden de esta construcción dramática.

Ejercicios

Para poner en práctica la aplicación de este «breve método», propongo dos sueños como temas del ejercicio y varias preguntas acerca de lo que se ha visto en este capítulo.

Sueño núm. 1

«Voy por una carretera cuando, al llegar a un cruce, veo una multitud de gente muy alterada. Los bomberos la dispersan. Un policía me reclama una espada que llevo encima. Es una espada antigua, fundida como en la Edad Media y adornada con piedras preciosas. Se la doy a regañadientes.»

Sueño núm. 2

«Estaba en un coche antiguo descapotable. En la frontera, me pararon los aduaneros y después, continué. Pensé: "He pasado la frontera, he pasado la frontera...". Estaba sorprendida y contenta. De repente, me encontraba en un teatro y saltaba de impaciencia detrás del telón antes de entrar en escena.»

Para cada uno de los sueños

1. Identifique la imagen dominante, el decorado, las imágenes secundarias y los detalles.
2. Desglose el sueño en diferentes escenas. ¿Cuántas encuentra?

3. ¿Cuáles son los comportamientos o sentimientos del protagonista en el sueño?
4. ¿Hay otros personajes en el sueño? ¿Qué hacen?
5. ¿Hay una escena final? Si la hay, ¿cuál es?

Respuestas en la pág. 87.

Capítulo 3

Los instrumentos de la interpretación simbólica

1. Las asociaciones de ideas

La interpretación simbólica de los sueños se puede construir sobre asociaciones de ideas. Las asociaciones espontáneas que nos vienen a la mente nos permiten iniciar una verdadera interpretación de nuestros sueños.

Tomemos la imagen dominante, luego cada una del resto de las imágenes de la lista y observémoslas. ¿Qué evocan? ¿Qué nos sugieren? Imaginemos un abanico: en el centro colocamos la imagen principal y a los lados vamos distribuyendo todas las ideas que surgen espontáneamente en nuestra mente (véase esquema en la pág. 42).

Tengamos en cuenta los recuerdos y las imágenes que cada palabra despierta en nosotros. Pero mantengámonos lo más cerca posible de las imágenes del sueño, sin entrar en interminables digresiones.

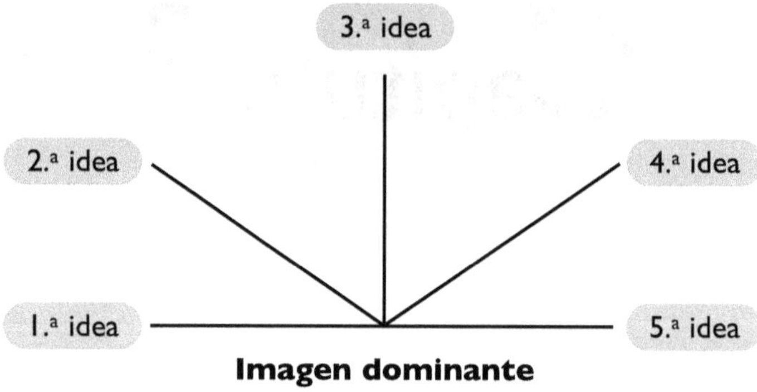

Imagen dominante

Pongamos el ejemplo de un sueño que transcurre en un bar. El bar puede ser interpretado de maneras diferentes. A algunas personas, les evoca la idea de convivencia (tomar una copa con unos amigos), a otras el anonimato de la soledad, la tendencia al alcoholismo o incluso un lugar de encuentro o de excesos... ¡Nosotros somos quienes debemos saber lo que representa para nosotros mismos!

De lo individual a lo colectivo

Para facilitar las asociaciones de ideas disponemos de dos tipos de instrumentos principales: los que tienen que ver con nuestras vivencias personales y aquellos que proceden de nuestros conocimientos sobre los símbolos.

Entonces, debemos buscar todas las asociaciones relacionadas con la esfera individual, que contiene todos nuestros recuerdos y todo lo personal que nos evoca la imagen. Luego, buscaremos las asociaciones que proceden de la esfera colectiva y general, es decir, de los conocimientos y el saber que pertenecen al conjunto de la humanidad y a las distintas civilizaciones.

Es importante considerar las dos esferas a la vez, pero sin sentirse obligado a respetar un orden concreto. Así, podemos empezar por la esfera más próxima si la imagen nos sugiere directamente algo relacionado con nuestras vivencias, o bien hacerlo desde los conocimientos simbólicos, en el caso de que este vínculo personal entre la imagen y nuestra vida no sea inmediatamente visible.

Ambas acciones forman parte del proceso de las asociaciones de ideas y, por tanto, llevan a la interpretación de nuestros sueños. Son complementarias e indisociables.

Debido a que para abordar el significado de un sueño es necesario establecer una asociación entre este y las vivencias del soñador, se puede afirmar que ¡no hay mejor intérprete de un sueño que el propio soñador!

De este modo, establecemos un «abanico» de asociaciones de ideas lo más amplio posible. Pero para entender el significado de nuestro sueño, debemos quedarnos solamente con las asociaciones que «nos dicen algo».

Ejemplo

El asno

Supongamos que en nuestro sueño un asno nos propina una coz y nos hace daño:

— nuestra primera asociación de ideas se establece alrededor del comportamiento de este animal: obstinado, e incluso corto de mollera, simboliza la ignorancia. No olvidemos que, tiempo atrás, a los niños que no se sabían la lección se les ponía en un rincón con unas orejas de burro;

— nuestra segunda asociación de ideas puede referirse a otro comportamiento de este animal: es muy paciente, constante y resistente. Como lleva cargas pesadas, fardos enormes, representa una forma de riqueza y, por tanto, de fertilidad. Sin duda, por ello, en la antigüedad, era considerado un símbolo de virilidad en Oriente (ya que la virilidad estaba asociada a la riqueza y a la fertilidad);

— nuestra tercera asociación de ideas puede guardar relación con una vivencia personal: nuestro abuelo nos llevaba al campo a ver un asno que tenía el vecino. Por consiguiente, esta imagen del asno está ligada a un recuerdo de infancia;

— nuestra cuarta asociación de ideas se establece alrededor de la herida provocada por la coz: revela un sufrimiento que no está curado.

De estas cuatro asociaciones, si la primera, la tercera y la cuarta son las que «nos dicen algo», las que evocan algo en nosotros, se puede deducir que el asno del sueño simboliza un ser limitado, ignorante, que nos ha herido afectivamente. A nosotros nos corresponde saber si se trata de nuestro abuelo o de cualquier otra persona que conozcamos.

Entonces, ¿qué ocurre con la segunda asociación de ideas, relativa a la fertilidad, si no se adecua a nuestro caso personal? Pues podemos no tenerla en cuenta.

El método de amplificación de Jung

El psiquiatra suizo Carl Gustav Jung aconsejaba no entender e interpretar inmediatamente el sueño, sino establecer concienzudamente su contexto: «Con esto me refiero no a la práctica de las asociaciones libres que, a partir de las imágenes del sueño, se pierden en el infinito, sino a un examen minucioso de las relaciones asociativas que se agrupan de forma no obligatoria alrededor del sueño».[1]

En efecto, Jung estimaba insuficiente y «poco significativo» el método de las asociaciones libres propuesto por Freud, ya que no haría más que revelar los deseos del soñador, puesto que,

1. Jung, C. G.: L'homme a la découverte de son âme, Petite Bibliothèque Payot, 1966.

para Freud, los sueños son sólo la expresión velada de un deseo negado, ligado a la codicia, al poder o a la sexualidad. Jung creía que esto era reduccionista. «Con el fin de despejar el auténtico significado del sueño, intenté descomponerlo», explica. «Tenía que concentrarme en el punto de partida del sueño y reunir en este punto las ideas que, a partir de ahí, surgían de todas partes. Mi forma de proceder es concéntrica, al contrario del llamado método de las asociaciones libres, que se aleja en zigzag de la imagen primordial del sueño para dirigirse a cualquier otra dirección.»[2]

Jung propone que la persona que ha tenido el sueño se formule preguntas del tipo: «¿Qué le viene a la mente a propósito de X?», «¿qué más le viene a la mente a propósito de X?». Su método de «amplificación» ya no es una reducción, sino que «consiste en partir de un principio muy simple: no sé nada del sueño, no conozco su significado y no me formo ninguna opinión preconcebida sobre la manera en que la imagen onírica se instala en la mente de cualquier hombre. Me contento con amplificar una imagen ya existente hasta ponerla en evidencia».[3] La amplificación debe incidir en cada uno de los elementos del sueño: «Imaginemos que el primer elemento del sueño es el león. En un primer momento, anoto los pensamientos provocados por esta palabra, luego reemplazo el elemento propiamente dicho del sueño por la expresión que se ha encontrado respecto a él. Por ejemplo, si la palabra león evoca en el soñador la "sed de poder", pongo entre paréntesis la palabra poder en lugar de león. A continuación, hago lo mismo con los otros elementos del sueño».[4]

---

2. Jung, C. G.: Sur l'interprétation des réves, Albin Michel, 1998, págs. 41-42.
3. Ibídem, pág. 42.
4. Ibídem.

2. Los instrumentos de las vivencias

Dentro del conjunto de instrumentos que facilitan las asociaciones de ideas, son especialmente importantes los que yo llamo «instrumentos de lo vivido».

El acercamiento a nuestra vida

Sólo el soñador sabe lo que ha vivido en el pasado (nadie puede jactarse de conocer tanto a otra persona). Es cierto que ningún sueño es la réplica exacta de una situación vivida con anterioridad. Sin embargo, resulta verosímil que se pueda abastecer de las vivencias anteriores para fabricar sus imágenes. El sueño no es totalmente fruto del azar o resultado de una serie de sinsentidos. ¡Debe haber alguna razón para fabricar argumentos tan increíbles! Estamos en condiciones de afirmar que el sueño es útil para la vida de cada uno y que existen relaciones de causa y efecto entre lo vivido y el sueño. «El sueño procede de relaciones causales significativas»,[5] admite Jung. En todo caso, podemos buscarlas y, si reflexionamos sobre ellas, acabaremos sosteniendo que la interpretación de los sueños no es otra cosa que la búsqueda de las relaciones causales entre nuestras vivencias pasadas y las imágenes. Una imagen de un sueño puede evocar recuerdos que sólo nosotros podemos reencontrar. Únicamente nosotros podemos ser capaces de saber qué hace resonar una determinada imagen en nuestro fuero interno. Y también somos los únicos que tenemos conocimiento de lo que estamos viviendo hoy en día. El pasado y el presente se

---

5. Jung, C.G.: Sur l'interprétation del rêves, Albin Michel, 1998, pág. 38.

reencuentran, se juntan, se imbrican en las imágenes del sueño. Dicho de otro modo, el sueño se abastece de imágenes del pasado y del presente, y a veces es harto difícil determinar a qué fase de la vida hace referencia. A pesar de esta dificultad, se debe intentar establecer una aproximación entre la imagen del sueño y nuestras vivencias.

La dificultad aumenta por el hecho de que el soñador puede interponer una «barrera» (una censura) en el afloramiento de sus recuerdos. Puede que los haya sepultado muy profundamente en su memoria —sobre todo los recuerdos dolorosos—; es entonces cuando hablamos de «inconsciente». El sueño, al sobrepasar esta «barrera», se encarga —es su función— de traer a la consciencia imágenes enterradas en la memoria profunda. Pero tenga cuidado, ya que dichos elementos no salen a la superficie tal como son, sino que sufren transformaciones y aparecen en una forma metafórica. Esto causa que debamos hacer el esfuerzo de establecer un vínculo, en la medida de lo posible, entre nuestros recuerdos y las imágenes de nuestro sueño.

Ejemplo

Las arañas

«Mi dormitorio está invadido por miles de arañas.»

1.ª etapa. Identifiquemos los elementos clave. La imagen dominante es la araña, el decorado es el dormitorio.

2.ª etapa. Procedamos a las asociaciones de ideas. La araña y la telaraña evocan una trampa; el dormitorio, lugar donde se expresa el amor conyugal y la sexualidad, sugiere la relación entre el soñador y su pareja.

3.ª etapa. Relacionémoslo con lo vivido.

En este ejemplo concreto, expuesto por un oyente, quien tiene el sueño es el único que conoce la trampa en la que está atrapado: su esposa es alcohólica desde muy joven.

Los símbolos personales

En algunas ocasiones, el soñador interpreta la imagen de su sueño de forma totalmente personal, sin utilizar las asociaciones de ideas que nacen del conocimiento de los símbolos. Entonces, fabrica su propio simbolismo, diferente del que recogen la mayor parte de las tradiciones que se explican en los diccionarios de símbolos.

Ejemplo

El sombrero

Un lector me contó que un sombrero negro aparecía frecuentemente en sus sueños. Él, en lugar de relacionar el sombrero con las facultades intelectuales, tal como generalmente admite el simbolismo,[6] lo percibía como el signo de una futura desgracia en su familia. ¿Por qué? Porque había desviado el símbolo del sombrero para establecer una interpretación personal. No le interesaba lo que este objeto simbolizaba, sólo recordaba haberse fijado en que cada vez que este objeto aparecía en sus sueños, ocurría un suceso desgraciado en su vida.

Aconsejé a esta persona que no se limitara al simbolismo personal, sino que ampliara sus conocimientos sobre los símbolos para poder establecer asociaciones de ideas más ricas.

3. Los instrumentos del saber

Paralelamente a los «instrumentos de las vivencias» que acabamos de ver, la interpretación de los sueños se

6. El sombrero cubre la cabeza, la sede de la razón y la inteligencia.

enriquece si utilizamos lo que yo llamo los «instrumentos del saber», es decir, los que dependen del conocimiento intelectual de los símbolos.

Jung expresa la misma idea: «La interpretación de los sueños necesita la adquisición de un saber positivo, el conocimiento de los símbolos y de los motivos mitológicos. Para ello tenemos que conocer todo lo que hay en el "almacén de abastecimiento" de la mente humana, así como en los fundamentos de los pueblos».[7]

El conocimiento de los símbolos

Muchas asociaciones de ideas nacen del bagaje cultural que se puede adquirir estudiando los significados tradicionales y culturales de los símbolos en diferentes civilizaciones. Tomo prestado otra vez de Jung este consejo: «Cuántos mayores sean nuestros conocimientos, más fácil será detectar ciertos símbolos».[8]

Resulta muy recomendable para profundizar en el estudio de los símbolos la ayuda de un buen diccionario,[9] indispensable para la interpretación de los sueños. Desde mi punto de vista, es necesario instruirse si se quieren entender los sueños, ya que, de otra manera, la técnica de las asociaciones de ideas resulta muy limitada. Es particularmente enriquecedor conocer los símbolos griegos, egipcios y cristianos, ya que constituyen los fundamentos de nuestra cultura.

Tomemos el ejemplo del zapato, y establezcamos el mayor número posible de asociaciones de ideas. El Diccionario de los símbolos de Jean Chevalier nos muestra las

7. Jung, C. G.: Sur l'interprétation des rêves, Albin Michel, 1998, pág. 44.

8. Ibídem.

9. Recomiendo particularmente el Diccionario de los símbolos de Jean Chevalier.

diferentes facetas simbólicas de una misma imagen en distintas culturas:

— el zapato es, en primer lugar, un símbolo de afirmación social y de autoridad (los campesinos iban descalzos, y todos los reyes, los propietarios de las tierras, etc. llevaban zapatos);
— también es un símbolo de libertad: en Roma, los esclavos iban descalzos, mientras que sus amos (los hombres libres) llevaban zapatos;
— el zapato protege el pie, es el punto de contacto entre el cuerpo y la tierra, y puede simbolizar lo concreto, lo real, lo terrenal.

A continuación, seguiremos realizando otras asociaciones de ideas con el zapato:

— se puede entender como símbolo sexual porque el pie, entendido como un órgano fálico (como lo considera Freud, por ejemplo), penetra en el zapato. No en vano se dice que una persona «encuentra la horma de su zapato» cuando encuentra a alguien con quien está en armonía, especialmente en el terreno sexual;
— el zapato también puede representar la protección del pie, para hacer que andar sea seguro y tranquilizar al soñador sobre su capacidad de avanzar, de ponerse en marcha;
— se puede hacer otra asociación de ideas pensando en el cuento de la Cenicienta: el príncipe encuentra a la joven gracias al zapato que perdió, y ambos viven un gran amor;
— otra asociación de ideas posible: el zapato como objeto de seducción en relación con la apariencia. Prolonga el pie, afina la silueta femenina y hace poderosa la masculina. También se relaciona con la apariencia que se quiere dar a los demás.

Como podemos ver, la simple imagen de un zapato puede generar un número importante de asociaciones de ideas. Sin embargo, sigue siendo fundamental que los significados que hallamos en un diccionario de símbolos nos hablen y se correspondan con lo que sentimos. No todos los significados reflejan por fuerza nuestra situación. Para interpretar nuestro sueño, consideremos solamente las asociaciones de ideas que sean útiles para nuestro caso particular. Pero, cuidado, es posible que intervenga el rechazo y que el soñador se niegue a admitir una explicación que podría ser la adecuada.

Los mitos, las leyendas y los cuentos

Para establecer asociaciones de ideas también se puede recurrir al material que ofrecen las leyendas, los mitos o los cuentos. En este caso también se debe realizar un pequeño esfuerzo para aprenderlos, sobre todo las historias de la mitología. Ello se puede lograr a través de la lectura de diccionarios de mitología, libros de cuentos y de leyendas.[10] Algunos de ellos son amenos y fáciles de leer. Cuanto más se domina el universo mitológico y legendario, más se enriquece la capacidad de establecer asociaciones de ideas. Cuanto más se sabe, más se amplía la comprensión del sueño.

La mitología

Es frecuente que las imágenes de los sueños tengan una semejanza con la mitología. Si se sueña, por ejemplo, con algo que esté relacionado con el talón, se puede pensar en Aquiles, al que su madre, Tetis, bañó en las aguas de la laguna Estigia para que fuera inmortal. Como lo sujetaba por el talón, este fue la única parte del cuerpo que no tocó el agua y se mantuvo vulnerable y frágil. Y es en ese punto donde le alcanza la flecha del príncipe troyano Paris. Un sueño en el que aparezca el talón

10. Véase, al final del libro, «Lecturas recomendadas», pág. 171.

sólo puede interpretarse a partir del conocimiento de este mito. Este sueño sugiere vulnerabilidad y fragilidad, por lo que el mensaje es claro para quien lo ha soñado: tiene que analizar su punto débil.

La mitología, con el pretexto de relatarnos las acciones de los dioses, nos explica en realidad las reacciones psicológicas del ser humano. Por ejemplo, cuando la diosa Hera, esposa de Zeus, castiga a su rival humana, actúa por celos, un sentimiento que se da con frecuencia en el ser humano. Ciertamente, la mitología se desarrolló para explicarnos nuestros comportamientos. Se debe leer no como una historia divina, sino como una historia que simboliza la vida humana.

Otro ejemplo es el de Ulises. Después de la guerra de Troya, Ulises erraba por el mar. No lograba volver a su casa porque era un hombre curioso que quería descubrir otros lugares del mundo y otras civilizaciones. Esta historia ilustra una de las características del ser humano: la curiosidad, las ganas de descubrir. No en vano, los grandes descubrimientos son obra de hombres que tuvieron el deseo de ir a conocer otros lugares.

La relación entre los sueños y la mitología es comprensible: ambos ilustran nuestra forma de comportarnos.

Las leyendas y los cuentos

Las imágenes de los sueños también pueden evocar cuentos o leyendas populares, a partir de los cuales se pueden establecer asociaciones de ideas. La leyenda, aun cuando embellece la verdad histórica, nos informa principalmente sobre los comportamientos humanos. Lo mismo hace el cuento, que describe personajes imaginarios o animales humanizados. Según Marie-Louise von Franz, colaboradora de Jung, los cuentos «expresan de manera extraordinariamente sobria y directa los procesos psíquicos del inconsciente». Los cuentos de hadas describen, pues, el funcionamiento de nuestro inconsciente.[11]

A menudo cometemos el error de creer que están dirigidos exclusivamente a los niños, para que se diviertan. Pero, en realidad, sirven para educarlos y que crezcan, es decir, para llevarlos del estado infantil al adulto. Y los adultos, por su parte, también sacan provecho de su lectura para entender el funcionamiento del ser humano.

> *Los enanos*
> *«Tuve un sueño en el que aparecían enanos. Eran unos enanos repugnantes, que me asustaron.»*

La primera asociación posible es la que se refiere a Blancanieves. En el cuento, los siete enanitos son trabajadores. Pese a su apariencia masculina, ninguno de ellos está atormentado por la sexualidad ni intenta aprovecharse de la joven. Los enanos representan simbólicamente un ser masculino disminuido y con su sexualidad amputada. Por el contrario, Blancanieves quiere descubrir todos los secretos de la vida. El hecho de que pruebe la manzana indica una de sus características: la curiosidad. Con ello muestra que es una persona totalmente humana. Según Bruno Bettelheim,[12] la joven se encuentra en un periodo de latencia y, por tanto, no debería interesarse por la sexualidad. Al morder la manzana, comete un acto prematuro y sufre sus consecuencias negativas. Este cuento es una advertencia: no hay que experimentar demasiado pronto la sexualidad.

El sueño al que nos hemos referido anteriormente es el de una adolescente que utiliza las mismas imágenes de

---

11. Franz, M.-L. von: L'Interpretation des contes de fées, Éditions du Dauphin, 2003. Son preferibles los cuentos de hadas en la versión de los hermanos Grimm, más antigua, que en la de Perrault.

12. Bettelheim, B.: Psicoanálisis de los cuentos de hadas, Crítica, 1992.

enanos que en los cuentos de hadas, pero con la diferencia de que los enanos de su sueño son agresivos. Por consiguiente, es posible que su sueño traduzca un miedo a la sexualidad. Las causas deben buscarse en su pasado o en sus vivencias actuales. ¿Por qué tiene ganas de descubrir la vida, pero teme a los hombres?

El pato
«En mi sueño, veo un pato y lo agarro por el cuello. De pronto, en vez de matarlo, siento un gran amor hacia él.»

Haciendo una asociación de ideas con el cuento de El patito feo de Hans Christian Andersen, recordaremos que, en el grupo de patos, hay uno que no es tan bonito como los demás. Sin embargo, este será el más bello de todos, ya que crecerá y se transformará en cisne. Este cuento puede ayudarnos a entender el sueño en el sentido de una posible evolución hacia una estado de bienestar, hasta llegar a la plenitud total. La imagen del pato al que la soñadora, una mujer de unos treinta años, quiere retorcer el cuello, no es negativa. Al contrario, se trata de una promesa de desarrollo personal.

Es importante señalar que el sueño no reproduce completamente el cuento, sino que este sirve para hacer asociaciones de ideas que nos ponen sobre la pista de la interpretación.

Jugar con las palabras

Al sueño le encanta jugar con las palabras y los sonidos. ¡Haga usted lo mismo! Tanto el argot como las expresiones populares, la etimología de las palabras y los diferentes recursos del lenguaje pueden utilizarse para establecer asociaciones de ideas que permitirán comprender mejor los mensajes de los sueños.

Un mismo sonido en palabras que significan cosas distintas

No siempre es necesario aferrarse a la imagen o a la ortografía de una palabra, pues en ocasiones basta con centrarse en su sonido. Como el mensaje del sueño suele estar contenido en aquello que se escucha, pronuncie la palabra en voz alta para descifrar su significado...

Un mismo sonido con grafías distintas

Los homófonos son aquellos términos que se pronuncian del mismo modo y se escriben de forma distinta (como, por ejemplo, votar y botar, barón y varón, savia y sabia, bello y vello, errar y herrar, etc.). Preste siempre mucha atención a estos sueños e intente evitar que el sonido le haga olvidar otros elementos importantes que aparezcan en él, como pueden ser la decoración, el ambiente y las imágenes.

El argot

Otra importante fuente de asociaciones de ideas, que además resulta muy útil, la proporciona el argot. En ocasiones parece que al sueño le divierte utilizar el lenguaje de la calle.

La asonancia y la deformación de las palabras

La asonancia es una técnica que permite jugar con las palabras, aunque resulta menos sencilla que la de los homófonos o el argot. Podría definirse como la similitud fonética entre dos palabras cuya escritura no es exactamente idéntica. Esta técnica no debe utilizarse con todas las palabras, sino sólo en aquellos casos en los que el parecido entre dos palabras se inscriba en el contexto del sueño. Una vez más, intente evitar que las asonancias «oculten» el resto de elementos que enmarcan el sueño.

La deformación de palabras es otra técnica que permite jugar con el sonido. Por lo general, los términos se deforman separándose. Por ejemplo, si en el sueño apareciera el término demente, usted podría entender de mente y, por lo tanto, establecer una asociación con la palabra mente, que evoca el intelecto.

Las expresiones populares

El sueño no sólo juega con los homónimos y el argot, sino también con las expresiones populares, los retruécanos, los calambures, las equivocaciones verbales —lapsus línguae— y los chistes.[13]

La etimología

Hacer referencia a la etimología de una palabra permite aportar un matiz interesante que resulta enriquecedor para las asociaciones de ideas. Por ejemplo, el término ruta procede del latín rupta, que ha dado lugar al término ruptura (porque, en tiempos antiguos, trazar una ruta equivalía a efectuar una ruptura en la espesura del bosque). Por lo tanto, si en un sueño aparece la imagen de una ruta, resulta factible pensar que el sueño hace referencia a una ruptura, ya sea pasada, presente o futura.

---

13. Freud publicó en el año 1897 un estudio sobre El chiste y su relación con el inconsciente, Alianza, 2005.

4. Nociones fundamentales de psicoanálisis

A pesar de que este «breve método» que proponemos tiene una orientación práctica, creemos que es indispensable que el lector conozca, aunque sea a grandes trazos, la visión que tiene el psicoanálisis de la interpretación de los sueños a través de sus dos grandes figuras, Sigmund Freud y Carl Gustav Jung.

Sigmund Freud (1856-1939)

Médico especializado en psiquiatría, fundó en 1910, en Viena, la Asociación Internacional del Psicoanálisis, que reunía investigadores de campos muy variados. Después de haber renunciado a su proyecto de una psicología científica, concentró sus estudios en la actividad psíquica durante el sueño. Es el padre de una ciencia psicoanalítica nueva, capaz de abordar lo que las ciencias exactas no han sido capaces de explicar: el análisis del pensamiento y de la mente. En 1900, Freud publicó su primera gran obra, La interpretación de los sueños,[14] que descubría los misterios del inconsciente.

Según Freud, los sueños sirven para comunicar lo que la mente consciente no puede admitir. Son deseos inconscientes que no se quieren reconocer y que, por este motivo, aparecen disfrazados en nuestros sueños bajo una forma simbólica. Para Freud, el sueño revela un deseo reprimido.

Freud critica a sus predecesores inmediatos, los cuales creen que las imágenes del sueño son absurdas y no contienen ningún mensaje importante. «El sueño no es un caos de sonidos discordantes, salido de un instrumento

---

14. Freud, S.: La interpretación de los sueños, Biblioteca Nueva, 2000.

tocado al azar; el sueño no carece de sentido, no es absurdo. Para explicarlo no es necesario suponer que el sueño es una parte de nuestras representaciones y el estado de vigilia, otro. El sueño es un fenómeno psíquico en toda la amplitud del término. Es el cumplimiento de un deseo reprimido.»[15] En efecto, para Freud, todo lo que queda insatisfecho en el estado de vigilia sólo se refleja en un sueño si reproduce un deseo infantil inalcanzado. Para él, la mayor parte de los sueños encuentra su explicación en los deseos, recuerdos y traumas de la infancia. «La infancia es una de las fuentes de las que el sueño obtiene más elementos. Especialmente de aquellos que no recordamos estando despiertos y que no utilizamos.»[16] El sueño nos recuerda incansablemente aquello en lo que ya no pensamos, aquello en lo que nos negamos a pensar. El sueño sirve para franquear esta barrera entre nuestro inconsciente, nuestra memoria profunda y nuestro consciente. Es posible que, incluso en los sueños, ejerzamos una censura y disfracemos las imágenes demasiado dolorosas. En tal caso, no muestran directamente el problema de la infancia, sino que constituyen una ilustración simbólica que requiere una explicación, lo cual dificulta la interpretación de los sueños.

Los diferentes tipos de sueños

Freud distingue tres tipos de sueños:

— el sueño que representa sin disfraces un deseo no reprimido. Debido a su claridad e inteligibilidad, son sueños relativamente fáciles de interpretar. «Los sueños inteligentes y razonables son la realización sin disfrazar de un deseo. La

15. Freud, S.: La interpretación de los sueños, Biblioteca Nueva, 2000.
16. Ibídem.

consciencia reconoce este deseo, que está insatisfecho en la vida cotidiana, pero que es perfectamente digno de interés»;[17]

— el sueño que presenta de una manera encubierta o simbólica un deseo reprimido. Este tipo de sueño, que es el más frecuente, necesita ser interpretado;

— el sueño que expresa un deseo reprimido poco o nada encubierto.

Sea cual sea el tipo de sueño, Freud identifica dos contenidos: el manifiesto y el latente. El manifiesto es el conjunto de aspectos e imágenes del sueño que recordamos. El latente, por el contrario, abarca los pensamientos inconscientes subyacentes al sueño, que no están formulados y no recordamos.

La sexualidad

Se ha criticado a Freud el hecho de dar interpretaciones sexuales a un gran número de imágenes. Por ejemplo, todas las cajas, los cofrecillos, los cajones, los armarios representarían el sexo femenino, al igual que todos los objetos huecos, como el jarrón, las cavernas, los barcos. Por el contrario, todos los objetos alargados, los bastones, los paraguas, todas las armas largas (los cuchillos, los picos, los puñales) podrían interpretarse como objetos fálicos, en referencia al sexo masculino. La lima de uñas sería, por la fricción, un símbolo de la relación sexual.

Freud insistió mucho en la idea de que no debe utilizarse una clave de sueños sistemática (por ejemplo, atribuyendo siempre al cuchillo el significado del sexo). Él consideraba que esta técnica era reduccionista y se opuso a ella, con razón.

---

17. Freud, S.: La interpretación de los sueños, Biblioteca Nueva, 2000.

Ejemplo

Una de las pacientes de Freud soñó que veía a su sobrinito Carlos muerto dentro de un ataúd, con las manos juntas. El ataúd estaba rodeado de cirios. Toda la situación le recordaba mucho la muerte del pequeño Otto, el otro hijo de su hermana, por quien sentía un gran afecto. Entonces ella se preguntaba, después de haber tenido este sueño, si esto significaba que deseaba la muerte de Carlos. Freud demostró a su paciente que en el entierro de Otto había encontrado a un hombre que le había causado una fuerte impresión. Pero su relación no finalizó en boda porque su hermana le había incitado a romper su relación y se lo había impedido. Unos meses después de la muerte de Otto, en el que ella había depositado todo su cariño, la mujer que tuvo el sueño se había alejado de su hermana, lo cual le permitió ser más independiente.

Freud interpretó el sueño de este modo: si Carlos, el otro sobrino, moría, el entierro sería una ocasión de volver a encontrarse con aquel hombre. El sueño indicaba simplemente el deseo de volver a verlo, contra el cual ella luchaba interiormente. Para disimular su deseo, el sueño había escogido una situación en la que los deseos de la soñadora estaban hábilmente reprimidos.

Carl Gustav Jung (1875-1961)

Inició los estudios de medicina en su país natal, Suiza, y luego estudió psiquiatría en París. Para dedicarse a la terapia psicoanalítica y a la investigación en el terreno de la psicología, la mitología y la lingüística, renunció a una carrera prometedora como profesor. En 1904 fundó el laboratorio de psicopatología experimental en Zúrich.

Su primer encuentro con Freud tuvo lugar en 1907, en Viena. Jung valoraba los trabajos de Freud y estaba interesado en sus tentativas de establecer un método de análisis y de interpretación de los sueños. No fue hasta muchos años más tarde que sus desacuerdos sobre el psicoanálisis los separaron.

Según Jung, existen dos tipos de inconscientes que cohabitan en nuestros sueños, el personal y el colectivo:

— el inconsciente personal refleja la memoria individual más profunda de cada soñador. Contiene todos nuestros pensamientos, incluso los olvidados, todas nuestras sensaciones, nuestros deseos, nuestras acciones y también las bases de nuestro futuro;
— el inconsciente colectivo, por el contrario, no proviene de las vivencias y las experiencias individuales, sino que se construye a partir de símbolos y de contenidos universales comunes a todos los seres humanos: los instintos, los mitos, los hechos históricos, los conocimientos culturales y religiosos, etc. Este saber colectivo contiene imágenes y representaciones universales a las que Jung llamó «arquetipos».

En los sueños aparecen frecuentemente cinco arquetipos: la persona, la sombra, el alma (animus y anima), el espíritu y el sí-mismo.

La persona

La persona constituye la fachada del individuo, la máscara que lleva cuando está en contacto con otras personas. «La persona es el sistema de adaptación o la manera mediante la cual nos comunicamos con el mundo.»[18] El individuo adapta su personalidad, sus comportamientos y sus actitudes, en función del grupo al que pertenece en un momento dado (grupo profesional, social, religioso, político, familiar, etc.). «A cada grupo corresponde una persona, con la que uno debe procurar no identificarse demasiado para

18. Jung, C. G.: Ma vie, Gallimard, 1973, pág. 460.

no perder el contacto con su propia personalidad, ya que la persona es lo que en realidad uno no es, sino lo que él mismo y los demás piensan que es».[19] Este arquetipo aparece en los sueños en forma de máscara, de disfraz, de carnaval, de maquillaje, etc. Igualmente, los sueños de desnudez, en los que se está, en la calle o entre la multitud, sin ropa (por tanto, sin apariencia social), invitan a la persona que sueña a encontrar su verdad sin ocultarse detrás de su personaje social.

La sombra

La sombra designa todo lo que el soñador no quiere sacar a la luz, todo aquello de lo que no quiere tomar consciencia: ciertas angustias, conductas, defectos, recuerdos, experiencias, etc., que son dolorosos o degradantes. Este lado negativo de nuestra personalidad aparece en los sueños en forma de imágenes de malhechores, atracadores, agresores, asesinos, etc. Todos estos personajes oscuros —que generalmente están a nuestras espaldas, detrás de nosotros, escondidos en rincones lóbregos— simbolizan la parte de sombra del soñador, que este desconoce y prefiere no ver.

> *El hombre amenazador*
> *«En todos mis sueños está allí: un desconocido de quien no distingo el rostro. Me sigue por la calle oscura. Temo que vaya armado, pero nunca me ataca. Se contenta con darme miedo.»*

Fijémonos que, en este tipo de sueño, el ser malintencionado está detrás de nosotros. Casi siempre va vestido de negro y se mueve en un contexto oscuro. Nosotros no podemos

19. Jung, C.G.: Ma vie, Gallimard, 1973, pág. 460.

identificarlo a causa de la falta de luz. Simboliza los elementos que preferimos no evocar, ni a nosotros mismos ni a los demás: «Dejemos estos aspectos de mi personalidad en la sombra», dice la consciencia, mientras que nuestro inconsciente los pone en escena por medio de los sueños.[20]

Anima y *animus*

El arquetipo del alma tiene dos formas diferentes: el anima y el animus. Son dos «polaridades», dos formas de energía que habitan en nosotros, seamos hombre o mujer. La energía masculina nos empuja a ser racionales, a analizar las cosas lógicamente, a tomar decisiones sobre bases concretas, mientras que la energía femenina nos incita a utilizar la imaginación, la intuición, los elementos más afectivos. «El anima del hombre intenta unir y juntar, el animus de la mujer intenta diferenciar y reconocer.»[21]

Cada mujer tiene una energía natural femenina, el anima, completada por una energía masculina, el animus. Del mismo modo, la energía masculina de cada hombre está enriquecida por una energía femenina, el anima. Para el proceso de evolución psíquica del individuo es necesario poner en armonía estas dos formas de energía, femenina y masculina.

En los sueños de un hombre, las figuras femeninas (virgen, diosa, actriz, mujer bella, sacerdotisa) simbolizan la parte de energía femenina que necesita para estar en armonía profunda con él mismo. La mujer, en cambio, sueña con personalidades intelectuales y espirituales, y con todo tipo de héroes de rostro masculino (caballero, príncipe, artista, deportista famoso, médico,

20. En otro planteamiento, el «hombre de la sombra» podría representar una verdadera amenaza exterior que el soñador presiente pero al mismo tiempo rechaza conocer.

21. Jung, C. G.: Ma vie, Gallimard, 1973, pág. 452.

militar, etc.), que le indican que su energía masculina es deficiente o está mal utilizada. En los sueños de bebés, su sexo puede tener importancia: un niño simboliza el animus, mientras que una niña representa el anima.

Según Jung, también es posible que las figuras ideales que aparecen en los sueños sean del mismo sexo que la persona que sueña.

Para el hombre significa que no utiliza suficientemente su energía masculina y para la mujer, que su energía femenina está desatendida. El animus y el anima, cuando son rechazados en la realidad, pueden aparecer en el sueño con los rasgos de personajes negativos, como la bruja, la mujer agresiva, el bandolero, el aventurero, etc.

«La función natural del animus y del anima consiste en establecer una relación entre la consciencia individual y el inconsciente colectivo. De modo análogo, la persona representa una zona intermedia entre la consciencia del yo y los objetos del mundo exterior. El animus y el anima deberían funcionar como un puente o un porche que condujera a las imágenes del inconsciente colectivo, de la misma manera que la persona constituye una especie de puente hacia el mundo.»[22]

El joven moribundo

«Estoy en una gran sala con mi hija y su compañero. Un hombre entra con un joven moribundo en brazos y dice: "Se va a morir". Yo le pregunto a mi hija de qué. «Del bazo», me contesta, y luego estoy ante otro joven que me repite sin cesar unas palabras en un idioma extranjero que no entiendo.»

Esta mujer me contó que estaba realmente preocupada por sus dos hijos y por el compañero de su hija. Pero, aplicando los

22. Jung, C.G.: Ma vie, Gallimard, 1973, pág. 451.

conceptos de animus y anima, se ve que, más bien, debería estar preocupada por ella misma. Toda una parte de ella, su energía de acción, está a punto de agotarse. Este joven moribundo representa simbólicamente su capacidad de actuar de forma objetiva, «masculina». Ella se deja llevar rápidamente por su emotividad y en su vida utiliza únicamente sus cualidades femeninas, su intuición. La parte «masculina» de su energía le resulta desconocida, como este joven que se expresa en un idioma extranjero. Este sueño le indica a la mujer que debe buscar en sí misma las dos energías, la de la acción y la de la reflexión, que garantizarán la construcción estable de su personalidad profunda.

El espíritu

El arquetipo del espíritu indica que el individuo se halla en una situación decisiva o crítica de su vida. En el sueño aparece en forma de imágenes de viento, figuras ancestrales, divinidades o lo que Jung llama los «viejos sabios»: magos, sacerdotes, monjes, personalidades que evocan la sabiduría, etc.

A partir del momento en que uno ha aceptado su lado negativo rechazado (la sombra) y cuando se ha tomado consciencia de las dos polaridades energéticas animus-anima, tiende a una personalidad más completa, simbolizada en los sueños por el «viejo sabio».

El método analítico de Jung también recibe el nombre de «vía de la individuación», es decir, la vía que permite que cada uno sea un individuo, un ser indivisible, el estadio de la evolución humana al que ha llegado el viejo sabio.

> *El viejo sabio*
> *«En un cielo gris muy claro, se me apareció un viejo rodeado de una aureola de luz. Parecía un patriarca de un grabado antiguo de Gustave Doré, con sus largos cabellos*

blancos y barba. Llevaba un vestido blanco como una sotana, y me miraba intensamente, con serenidad pero con bondad.»

La mujer recordaba cuatro años más tarde este sueño iniciático que le confirmaba que debía profundizar en su trabajo espiritual (el personaje del sueño es un ser con mucha espiritualidad) a fin de alcanzar la sabiduría. Además, Gustave Doré ilustró la Biblia. La soñadora pudo ver en ello una indicación para su progreso personal: estudiar la Biblia y la lengua hebrea.

El sí-mismo

El sí-mismo constituye el arquetipo central, la totalidad del Hombre. «Es una entidad sobre-ordenada al yo... El sí-mismo es no solamente el centro, sino también la circunferencia completa que abarca consciente e inconsciente; es el centro de esta totalidad como el yo es el centro de la consciencia.»[23] En los sueños, está representado por un niño, un bebé o un embarazo, el nacimiento o el parto, el mandala, el círculo o el cuadrado, etc.[24]

Estar embarazada

«Desde hace varios años, sueño que estoy embarazada. Estoy a punto de parir. Y me pregunto: ¿por qué he decidido seguir adelante con el embarazo? ¿Es anormal? De todos modos, ya es tarde para dar marcha atrás, se tiene que asumir.»

El mensaje de este sueño recurrente es fácil de entender si pensamos en el arquetipo del sí-mismo: la mujer posee unas

23. Jung, C.G.: Ma vie, Gallimard, 1973, pág. 462.

24. Véase Diccionario de los símbolos de Jean Chevalier.

capacidades creadoras que ha de mostrar al mundo, que tiene que parir. El sueño habla simplemente de su «niño» interior, de su personalidad profunda. La mujer me comunicó que sentía que estaba en el inicio de una etapa importante de su evolución. ¡Mejor que sea demasiado tarde para dar marcha atrás! Para ella el futuro es prometedor; a partir de ahora va a ser solamente ella misma.

Para Jung, a diferencia de Freud, las imágenes del sueño no disfrazan un deseo incumplido sino que revelan algo profundo. No están generadas forzosamente por un conflicto, sino que a menudo nos dan soluciones para controlar las dificultades y enfrentarnos a los antagonismos. Así se puede atribuir al sueño una función compensatoria y educadora: cuando el yo consciente, es decir, en estado de vigilia, tiene incertidumbres y dudas, a veces el yo onírico toma la decisión y propone la solución correcta.

Para Jung, el sueño no refleja únicamente conflictos ligados con la infancia —como pensaba Freud—, sino que expresa también el presente y el futuro de la psique.

Jung se distanció de Freud en parte a causa de la interpretación de este, que se centraba excesivamente en la «censura» y en el rechazo del deseo resultante de la infancia y de la sexualidad. En su obra autobiográfica, Mi vida, Jung escribe: «[...] por lo que respecta al contenido del rechazo, [...] no podía dar la razón a Freud. Como causa del rechazo, él veía el trauma sexual y esto no bastaba. En mi trabajo práctico había conocido muchos casos de neurosis en los que la sexualidad tenía un papel secundario y, en cambio, otros factores ocupaban el primer lugar [...] Más tarde, presenté a Freud casos de este tipo: pero él no quería admitir, como causa, ningún otro factor que no fuera la sexualidad. Me satisfizo muy poco».[25]

---

25. Jung, C. G.: Ma vie, Gallimard, 1973, pág. 174.

La diferencia entre el psicoanálisis y la interpretación de los sueños

El psicoanálisis es una técnica terapéutica para aliviar a pacientes que padecen un sufrimiento debido a causas psicológicas. El psicoanalista presta atención a los sueños, pero su objetivo no es interpretarlos. Los observa solamente como la manifestación del inconsciente. Considera toda censura, todo bloqueo y todo rechazo, e intenta comprender el problema de la persona. La interpretación de los sueños no es más que uno de los instrumentos de los que dispone el analista.

Por lo tanto, la persona que intenta entender los sueños y hacer su propia interpretación no debería considerarse un psicoanalista. Esto no impide que utilice técnicas propias de esta «ciencia humana», como la identificación del rechazo y la interpretación de las imágenes.

Ejercicios

Los seis sueños siguientes son ejercicios para que usted recapitule sobre los diferentes «instrumentos» que acabamos de proponer. Responda las preguntas y compruebe las respuestas en la página 89.

Sueño núm. 1

«Encuentro en mi habitación unas joyas con diamantes engastados. Las escondo porque tengo miedo de que me acusen de haberlas robado.»

1. ¿Qué asociaciones de ideas se establecen a partir de la imagen del diamante?

Sueño núm. 2

«Cuando regreso a casa, me encuentro todo desordenado. Empiezo a lavar la ropa sucia, luego a barrer, pero al cabo de unos minutos, veo que no sirve de nada. Dejo la escoba y meto todo el polvo debajo de los muebles.»

2. ¿A qué juego de palabras o expresión popular puede llegarse a partir de una de las imágenes de este sueño?

Sueño núm. 3

«Me encuentro en una torre de vigía y, desde allí, domino todo el paisaje hasta el horizonte. Me siento calmada y tranquila.»

3. ¿Qué palabras pueden ayudar a analizar este sueño?

Sueño núm. 4

«Estoy una sala inmensa en la semioscuridad. Hay estatuas de dioses egipcios, una de las cuales representa un cuerpo humano con cabeza de chacal. Me doy cuenta de que estoy muerta. La estatua me hace preguntas sobre mi vida y pesa mi alma. Estoy aterrorizada.»

4. ¿Le recuerda este sueño algún mito, cuento o leyenda?

Sueño núm. 5

«En mi sueño, es de noche. Llego solo ante una casa poco iluminada. De pronto, dejo de caminar y me escondo en un rincón oscuro, apartado de la luz. Oigo pasos. Alguien viene pero no sé quién. Pasa cerca de mí sin verme y se aleja.»

Sueño núm. 6

«En la playa, encuentro ostras llenas, con la concha cerrada herméticamente. Pienso que en casa, con un instrumento adecuado, conseguiré abrirlas. Pero no. Entonces las pongo sobre el radiador y el calor hace que se entreabran poco a poco.»

5. En estos dos sueños (5 y 6), identifique los elementos que pueden ser interpretados por el psicoanálisis de Freud o la psicología analítica de Jung.

Respuestas en la pág. 89.

Capítulo 4

Analicemos nuestro diario de sueños

Ahora ha llegado el momento de retomar nuestro diario de sueños. Esto nos permitirá comparar los sueños que hemos tenido durante un determinado periodo. Examinando los sueños por series, a menudo descubrimos elementos en los que no nos habríamos fijado si los hubiésemos analizado por separado. Además, la interpretación dada a uno de los sueños puede verse confirmada o invalidada examinando los otros. Jung lo formula así: «El estudio de series de sueños implica un control de la interpretación que puede revelarse muy valioso, en el sentido de que la interpretación del primer sueño se ve confirmada o corregida por los otros sueños de la serie».[1]

El estudio del diario de sueños permite tener un conocimiento diferente de nuestros sueños y, por tanto, descubrir otros aspectos de uno mismo.

1. Jung, C. G.: Sur l'interprétation des rêves, Albin Michel, 1998, pág. 15.

1. Los grandes sueños únicos, los sueños iniciáticos

Al estudiar el diario de sueños, observaremos que hay, por un lado, sueños similares o incluso idénticos, y, por otro, sueños que aparecen una sola vez.

Entre estos últimos, algunos resultan ser grandes sueños únicos. Tienen una característica particular, que es que nos han marcado profundamente. Meses o incluso años después, todavía los recordamos por la importancia que han tenido. Según Jung, son sueños «numinosos», que dejan una huella muy fuerte en el soñador.

Estos sueños también pueden ser considerados como iniciáticos, ya que enseñan al soñador qué conducta debe adoptar, en el momento inmediato o en el futuro. Aquí encontramos una concepción antigua de los sueños. En efecto, en la antigüedad se creía que el sueño procedía del mundo divino y llevaba una enseñanza. Los antiguos mesopotámicos, babilonios, egipcios, griegos y romanos consideraban que algunos sueños muy impactantes nos daban instrucciones para nuestra vida, ya que eran un mensaje de los dioses, que nos visitaban durante el sueño. Los antiguos no decían: «He tenido un sueño», sino «He recibido un sueño». Por tanto, admitían que algunos sueños importantes podían provenir de una fuente ajena a la persona. En cambio, nosotros, herederos del psicoanálisis, tendemos a creer que todos nuestros sueños nos tienen a nosotros como única fuente.

El estudio de nuestro diario de sueños y la comparación con nuestras vivencias nos ayudarán a identificar los grandes sueños iniciáticos, que nos transmiten un mensaje que proviene no sólo de nosotros mismos sino quizás —estamos autorizados a adoptar las creencias de la antigüedad— de otra dimensión más sutil…

En la Biblia se relatan grandes sueños que cambian la vida de la persona que los ha soñado o de un gran número de personas. Es el caso, por ejemplo, del faraón, que tuvo un sueño en el que aparecían siete vacas flacas y siete vacas gordas. José, onirólogo hebreo, interpretó estos sueños, y así el faraón pudo prever, durante los siete años de fertilidad, el alimento que necesitaría su pueblo durante los siete años de hambruna. Sus contemporáneos no pensaban en modo alguno que este sueño tradujera los problemas psicológicos del faraón, ni que este hubiera tenido el sueño por cuenta propia, sino que consideraban que los dioses egipcios le habían enviado un mensaje, a pesar de que fuera necesario el talento del servidor del dios de Israel para descifrarlo.

Ejemplos

Personalmente, recuerdo que tuve la impresión de haber «recibido» (no de haber «tenido») un sueño iniciático en un momento en que estaba realizando un trabajo sobre los místicos y los fenómenos del misticismo, como la levitación, los estigmas, la luminiscencia del cuerpo, etc. Dudaba entre centrar mi estudio únicamente en los místicos del Occidente cristiano o ampliarlo a los místicos de las otras religiones, especialmente orientales, sobre los que tenía menos conocimientos. En ese momento decisivo para mi trabajo, que iba a comprometer dos o tres años de mi vida, recibí este gran sueño único: me encontraba en una biblioteca universitaria, cuando se anunció la llegada de un gurú. Me negué a saludarlo, a tratarlo con la debida consideración y me escondí detrás de los otros estudiantes. El gurú, que se había dado cuenta de ello, vino hacia mí y me preguntó: «¿De qué tienes miedo? De todas formas, tu vía no es la vía oriental».

De este sueño, que sólo he tenido una vez a lo largo de mi vida, saqué la conclusión de que era inútil que me dedicara a estudiar los místicos orientales, ya que me bastaban los de Occidente. Este ejemplo es personal, pero me han enviado otros relatos de sueños iniciáticos...

El libro

«He tenido un sueño excepcional: acabo de escribir un libro, encuadernado en oro con el título en negro. Fuera, un grupo de personas protestan contra mí y el libro. Estamos en la oscuridad. Cerca de mí, la persona que es la impulsora de este libro dice: "Yo no he hecho nada". Entonces, algunas personas encienden velas y todos vamos al cementerio. Allí se vota: 50 % a favor del libro, 50 % en contra.»

La mujer que tiene el sueño acaba de realizar algo importante (simbolizado por el libro lujosamente encuadernado) para su evolución interior, pero espera la aprobación de los otros (el voto). La persona de la que se habla en el libro y que se justifica es ella misma. Busca excusas para no ser juzgada, y a la vez varias imágenes del sueño la animan a seguir la exploración de su propia profundidad: el libro (símbolo del conocimiento de uno mismo), las velas (esclarecer algo), el cementerio (convertirse en un ser nuevo). Este es un excelente sueño iniciático que informa al soñador acerca de su evolución.

2. Los sueños recurrentes

Los sueños recurrentes clásicos

Prosigamos el estudio de nuestro diario de sueños para buscar si hay sueños que se repiten y que nos llevan a pensar: «Siempre sueño lo mismo».

Tener el mismo sueño varias veces traduce con frecuencia la existencia de un problema no resuelto, del cual no se ha tomado consciencia todavía. El sueño continúa comunicándonos el mismo mensaje hasta que cambiamos de comportamiento, de situación, etc. Es como si el sueño llamara insistentemente a la puerta de la comprensión y nosotros continuáramos sin abrirla.

Otro origen de los sueños recurrentes puede ser un trauma. Después de un accidente, la víctima continúa reviviéndolo en sus sueños durante cierto tiempo. Las personas que han vivido una guerra sueñan a veces con los bombardeos, la reclusión en las sótanos, las sirenas... Del mismo modo, las personas jubiladas reviven en ocasiones los conflictos laborales cuando ya no están profesionalmente activas. Los sueños recurrentes indican en estos casos que el trauma ha sido fuerte y que se debe intentar verbalizarlo y tomar conciencia de él. Los sueños recurrentes nunca son desdeñables: si se repiten, es una señal de que contienen elementos importantes que deben tomarse en consideración.

> *El pájaro herido*
> *«Desde hace años, sueño a menudo con un pájaro herido. Quiero curarlo, pero me da miedo hacerle daño al agarrarlo.»*

El pájaro es, generalmente, el símbolo de la libertad, de la espiritualidad y del espíritu. En los sueños evoca todo lo que deseamos elevar y liberar en nosotros. El hecho de que el sueño se repita con frecuencia indica que el soñador siente una fuerte necesidad de liberarse de una influencia negativa (provocada por una persona o por una circunstancia), de un recuerdo doloroso, de un comportamiento inadecuado a la situación actual, etc. Sólo esta persona puede determinar el elemento molesto que le impide levantar el vuelo y le hace sufrir.

Los sueños recurrentes con variaciones

En los sueños recurrentes puede haber pequeñas variaciones, como muestran los ejemplos siguientes: «A menudo una fuerza desconocida y repentina me propulsa por el aire», «Con frecuencia me encuentro en una gran terraza de un piso, o en el terrado de un hermoso edificio», «Desde arriba veo a la gente minúscula y los coches pequeñitos».

El sueño es siempre el mismo, aunque los detalles cambian. Se puede interpretar de dos maneras:

— el sueño aconseja al soñador que considere los elementos de su vida con tranquilidad y perspectiva;

— el sueño denota un comportamiento menos positivo: la persona que sueña se cree por encima de los demás, los juzga desde la altura y los desprecia y mantiene a distancia.

3. Los sueños diferentes con una imagen o una sensación común

El tercer tipo de sueños que identificamos al analizar nuestro diario de sueños son aquellos que no son idénticos, pero ofrecen una misma imagen dominante. Los ejemplos siguiente son útiles para aprender a identificarlos.

Ejemplos

El automóvil

Supongamos que, al leer nuestro diario, nos damos cuenta de que en nuestros sueños aparece a menudo un automóvil. Es una imagen recurrente y, a primera vista, podríamos pensar que siempre tenemos el mismo sueño. Pero este no es el caso...

En un sueño, el automóvil avanza a gran velocidad por una carretera empinada y nosotros no podemos frenar. En otro, un taxi nos lleva a lugares que no conocemos. En un tercer sueño, exploramos una casa antigua y, en un garaje, descubrimos un automóvil de época.

La imagen dominante es idéntica: el coche, pero los temas y los significados de los sueños difieren. En el primer sueño, se trata del modo en que llevamos nuestra vida: con desenfreno. En el segundo, alguien nos lleva: no somos dueños de nuestra propia vida. Por último, en el tercero, se nos invita a pensar en el modo en que nos comportamos en el pasado.

Un sentimiento de miedo

También es posible que el punto común de varios sueños sea un sentimiento. En este caso son sueños diferentes con una sensación común (por ejemplo, el miedo): «Un hombre me sigue por la calle. Tengo mucho miedo de que me agreda», «Estoy en la cama y oigo que alguien toca la cerradura de la puerta de entrada. Aterrorizado, me escondo debajo del colchón», «Me encuentro ante un tigre que está a punto de atacarme. No puedo moverme porque el miedo me deja paralizado».

Las imágenes de estos tres sueños son diferentes (un perseguidor, un ladrón, un tigre), pero el sentimiento del soñador es el mismo: el miedo.

La recurrencia de este tema indica que esta persona, en distintas situaciones de su vida, instintivamente siente siempre miedo. Esto puede referirse a su capacidad de iniciativa y de decisión, a su forma de mostrarse ante los demás, etc., o bien puede reflejar situaciones en las que está dominado o incluso paralizado por el miedo.

De este modo, una lectura atenta y a largo plazo permite una toma de conciencia muy valiosa para cada uno.

4. Los sueños diferentes con una imagen recurrente

Identificar sueños idénticos, con imágenes recurrentes, es relativamente fácil, tal como acabamos de ver. En cambio, resulta bastante más difícil identificar un tema que aparece con regularidad en sueños aparentemente muy diferentes. Los ejemplos siguientes pueden ser de utilidad, ya que podrían aparecer en un diario de sueños y, a primera vista, no parecen tener relación alguna.

Ejemplos

— «Sueño que me pierdo por los pasillos de un supermercado. No encuentro lo que busco y soy incapaz de decidir lo que quiero.»

— «Camino por una ciudad totalmente desconocida y no encuentro el camino que debo seguir. No sé dónde vivo ni adónde tengo que ir.»

— «He dejado mi coche en un aparcamiento y no consigo encontrarlo.»

Bajo estas imágenes diferentes hay un tema idéntico: el hecho de extraviarse. Esto demuestra que, para la persona que tiene este tipo de sueños, este tema resulta esencial.

Para otro soñador, el tema esencial será otro:

— «Estoy en el escenario durante un concierto de rock. Todo el mundo me aplaude.»

— «Sobrevuelo las casas de un pueblo. Abajo veo a mi madre, con la mirada vuelta hacia mí, eufórica por mi logro.»

— «Camino por la calle cuando un coche se detiene. Un actor muy famoso se baja de él y me invita a comer.»

Los tres sueños son diferentes, sin ninguna imagen común. Sin embargo, presentan un tema recurrente: la valoración de la gente. «Me aplauden», «Mi madre está eufórica», «Un famoso me invita a comer», etc. La persona que sueña tiene la necesidad de ser valorada, considerada, aspira a que la encuentren interesante.

Los temas son más difíciles de identificar que las imágenes. Sin embargo, es primordial conseguirlo. Más adelante, se presentan los diez temas que aparecen con mayor frecuencia en los sueños (véase pág. 139).

Para conocer nuestra propia evolución, puede ser útil ver qué sueños teníamos hace años. Seguramente nos daremos cuenta de que no hemos dejado de tener algunos tipos de sueños. De igual modo, ciertos sueños recurrentes ya no lo son: el mensaje ha sido bien comprendido y hemos cambiado.

Además, es muy reconfortante tomar conciencia de que no se ha permanecido anclado en un problema, que no se está paralizado toda la vida en los mismos problemas y dificultades, sino que es posible evolucionar hacia una mayor libertad, fuerza, autonomía...

Ejercicios

Considere estos tres sueños: ¿son sueños diferentes con una imagen o un tema comunes?

«En mi sueño, estoy embarazada de una niña, aunque, en realidad, hace tiempo que se me ha pasado la edad.»

«Encuentro un bebé en un rincón. No recuerdo haber tenido ninguno. Es enclenque, se ha hecho caca encima y es muy pequeño.»

«En la maternidad me dan un bebé encantador. Me dicen que es el mío. Tengo miedo de que se me rompa. Estoy feliz de tenerlo, pero de pronto la enfermera me dice que se lo dé porque no es mío y hay que devolverlo.»

Y los tres sueños siguientes, ¿tienen una imagen o un tema recurrentes?

«Estoy embarazada desde hace años, pero nunca doy a luz.»

«Estoy en un bosque muy bonito y, al pie de un árbol, descubro, bajo el musgo, un cofrecillo que contiene un tesoro en monedas de oro.»

«Estoy cavando en el jardín y veo que muchas verduras y los bulbos de las flores están a punto de salir, pero no consiguen madurar.»

Respuestas en la pág. 91.

Conclusión

El misterio de nuestros sueños

1. El mensaje del sueño: reunamos todos los elementos

El objetivo final del método de este libro es que el lector consiga interpretar por sí mismo el mensaje de la mayor parte de sus sueños simples. Para entender su significado, debe juntar todos los elementos de las fases precedentes: los elementos clave de la fase de observación, las asociaciones de ideas generadas manejando los instrumentos de lo vivido y del saber, y los indicios que aporta el análisis de su diario de sueños. Ahora llega el momento de plantearse la pregunta final: «¿Qué quiere decirme este sueño?». El sueño es siempre portador de un mensaje —más o menos importante— del inconsciente, de la memoria profunda.

En realidad, el sueño es un instrumento para el conocimiento de uno mismo. Gracias a él, podemos empezar a entender nuestro comportamiento, nuestras reacciones, así como la influencia de nuestro pasado, y a descubrir nuestras propias dimensiones. El sueño es un espejo de nuestra alma. Sin embargo, antes de empezar a descifrar un sueño, no olvidemos que este puede tener por lo menos dos niveles de interpretación:

— un primer nivel, muy literal en relación con las imágenes: el sueño reproduce únicamente y de manera global (aunque difieran ciertos detalles) un acontecimiento o una situación que hayamos vivido;
— un segundo nivel, más profundo, en el que las imágenes no deben entenderse literalmente sino de un modo simbólico.

El ejemplo siguiente nos permitirá diferenciar los dos niveles posibles de interpretación.

> *La penosa ascensión*
>
> *«Estoy con un amigo, en la montaña, en un estrecho sendero. Tengo miedo. Escalamos con unas cuerdas que él fija y anuda; él se esfuerza, pero es agotador. Al llegar a un punto determinado, encontramos unas alpinistas, hecho que disgusta a mi amigo, que refunfuña. Ellas se indignan por su conducta. Me gustaría que me ayudaran a bajar, pero no pueden hacerlo... a no ser que me metan en un ataúd. Yo me niego. Veo otro paso y pienso que no había ninguna necesidad de realizar todos estos esfuerzos.»*

La observación de los elementos clave

La imagen dominante: una penosa ascensión.

El decorado: la montaña.

Las diferentes escenas del guión:

— escena 1: «Estoy con mi amigo en una montaña y tengo miedo»;
— escena 2: «Él me ata con cuerdas»;
— escena 3: «Encontramos unas alpinistas, que se indignan por su conducta»;

— escena 4: «Pido que me bajen, pero no pueden hacerlo... a no ser que me metan en un ataúd»;
— escena 5 (la escena final): «Veo otro paso y pienso que no había ninguna necesidad de realizar todos estos esfuerzos».

Las imágenes secundarias: las cuerdas, el ataúd, el otro paso. Los detalles: el sendero es estrecho.

El comportamiento y las emociones de la persona que sueña: «Escalamos con cuerdas», «Tengo miedo»; «Es agotador», «Me gustaría que las mujeres me ayudaran a bajar», «Me niego a que me metan en un ataúd».

Los otros personajes: el amigo descontento, las alpinistas.

Las asociaciones de ideas

Los instrumentos de lo vivido

Para realizar una aproximación a las vivencias de la mujer que ha tenido este sueño, solamente sabemos que mantiene relaciones con un hombre con el que tiene problemas. No hay símbolos personales en este sueño.

Los instrumentos del saber

— La ascensión: es la imagen simbólica de la evolución personal, del progreso, de la marcha en la vida.
— La montaña: representa el objetivo a alcanzar, un objetivo elevado. Un lugar sagrado alto simboliza la cima en la evolución espiritual.
— El camino estrecho: indica la dificultad del recorrido hasta esta dimensión espiritual que se quiere alcanzar.
— Las cuerdas: representan todo lo que obstaculiza, impide y frena la evolución.
— El amigo: representa o bien al hombre con quien vive, o bien su animus, su parte de energía masculina.
— Las alpinistas: simbolizan otras facetas, otras partes de la mujer que sueña.

— El ataúd: imagen de una transformación necesaria, de un cambio interior muy profundo, casi una «muerte» de la antigua personalidad para desarrollar la nueva.

Los dos niveles de interpretación

Inicialmente, consideraremos un primer nivel de interpretación. El amigo del sueño representa el hombre con quien vive la soñadora. Avanzar en la vida con él es lo que le resulta muy complicado, por no decir peligroso y agotador. El hecho de que el sendero sea estrecho acentúa esta idea. Además, esta imagen indica que el margen de maniobra del que dispone la mujer con su amigo es muy estrecho. Él la ata con mucho esfuerzo con cuerdas, lo cual vendría a demostrar que la tiene encadenada, que restringe su libertad.

La sensación que le provoca esta situación es la fatiga. Es una relación que agota sus fuerzas, hasta el punto de que pide auxilio (a las alpinistas). Pero la ayuda no llega y, para poder contar con su apoyo, tienen que bajarla en un ataúd. La imagen del ataúd representa una muerte en el sentido simbólico, una transformación. Es necesario que transforme sus relaciones con su amigo, pero ella no lo acepta.

Las alpinistas indignadas simbolizan otros aspectos de la soñadora y reflejan hasta qué punto le escandaliza el comportamiento de este hombre. La escena final le indica que hay otro camino posible, otra forma de relacionarse con este hombre, aunque no precisa cuál.

Sin embargo, se puede interpretar este sueño a otro nivel, si se considera que el amigo simboliza el animus de la mujer, es decir, su parte de energía masculina. Esta mujer está atascada, bloqueada, obstaculizada en su evolución y en sus aspiraciones espirituales (idea simbolizada por la montaña, la penosa ascensión, etc.) por un desequilibrio entre su energía femenina, que utiliza demasiado poco, y su energía masculina, a la que recurre excesivamente. Sin duda es demasiado racional, materialista y escéptica, desconfía de sus propias necesidades espirituales y rechaza las emociones que suscitan la religión, la meditación o la plegaria. Su intelecto paraliza su esfera emotiva.

El sueño también le da un aviso: le sugiere que, en esta relación, se encuentra en un camino estrecho y peligroso. Corre el riesgo de perder toda su energía y todas sus fuerzas. Tiene ante sí dos soluciones: o bien cambia la situación (la imagen del ataúd) o bien encuentra otra forma de vivir con este hombre, o incluso una nueva relación con otro hombre (que simboliza el otro paso en la montaña).

En la relación con su energía «masculina», tiene que dejar que su emotividad, su sensibilidad y su espiritualidad se expresen mejor para poder evolucionar.

2. El misterio del sueño

¿Todos los sueños tienen significado? Creo que sí. Pero ¿es necesario empeñarse en dar un significado a todos ellos? La experiencia demuestra que el significado puede permanecer oculto durante mucho tiempo, y es posible que no lo entendamos hasta más tarde, en otro momento de nuestra vida.

El sueño no es un problema matemático al que se deba encontrar una respuesta por fuerza. Siempre conserva una parte de misterio a pesar del esfuerzo que tengamos que realizar para entenderlo. Ninguna de las técnicas de este mundo logrará sacar a la luz esta parte de misterio. ¡Y mejor que así sea! Qué sería de la vida sin sueños...

Soluciones de los ejercicios

Capítulo 2: Identificación de los elementos clave (pág. 39)

Sueño núm. 1

1) Identifique la imagen dominante, el decorado, las imágenes secundarias y los detalles.
La imagen dominante: la espada antigua.
El decorado: la carretera, el cruce.
Las imágenes secundarias: el policía, la multitud.
Los detalles: la espada es antigua, fundida como en la Edad Media y adornada con piedras preciosas.
2) Desglose el sueño en diferentes escenas. ¿Cuántas encuentra?

— Escena 1: «Camino por una carretera y veo una multitud muy alterada».
— Escena 2: «Un policía me reclama una espada antigua».
— Escena 3: «Se la doy a regañadientes».

3) ¿Cuáles son los comportamientos o sentimientos del protagonista en el sueño?
Comportamientos: el soñador observa una multitud muy alterada; lleva una espada y se la entrega a un policía.

Sentimiento: la persona entrega la espada de mala gana.

4) ¿Hay otros personajes en el sueño? ¿Qué hacen?
Los personajes: la multitud alterada, los bomberos que la dispersan, el policía que da muestras de autoridad.
5) ¿Hay una escena final? Si la hay, ¿cuál es?
En la escena final, el protagonista del sueño entrega su espada a regañadientes.
Interpretación
El cruce es una primera indicación muy valiosa: el protagonista del sueño llega a un momento crucial de su vida y una decisión se impone. Pero en su interior se agita una multitud de sentimientos y de emociones, representada por la muchedumbre. La espada es el símbolo del juicio, del discernimiento. Es un llamamiento para que el soñador apele a su lucidez para cortar con una situación. Como la espada es antigua, podemos suponer que esta situación guarda relación con su pasado y más concretamente con su «Edad Media». El policía y los bomberos son símbolos de la autoridad. El mensaje del sueño: o bien el soñador es el único capaz de cortar con la situación que le preocupa, o bien está sometido a una autoridad que lo domina.

Sueño núm. 2

1) Identifique la imagen dominante, el decorado, las imágenes secundarias y los detalles.
La imagen dominante: la frontera (símbolo de un paso, de un cambio que se ha producido o debe producirse en la persona que sueña).

El decorado: hay dos, la aduana y el teatro.

Las imágenes secundarias: el coche (que simboliza el comportamiento, la conducta) y el público del teatro (que representa la mirada ajena).

Los detalles: el coche es antiguo y descapotable (por tanto, lujoso, lo cual simboliza la idea de ser valorado por la apariencia externa).

2) Desglose el sueño en diferentes escenas. ¿Cuántas encuentra?

— Escena 1: la frontera, el alto de los aduaneros.

— Escena 2: la llegada al teatro.

3) ¿Cuáles son los comportamientos o sentimientos del protagonista en el sueño?

Sentimientos: sorpresa, satisfacción, impaciencia.

4) ¿Hay otros personajes en el sueño? ¿Qué hacen?

Los personajes: los aduaneros (vigilantes que prohíben o autorizan el paso con su mirada).

5) ¿Hay una escena final? Si la hay, ¿cuál es?

Escena final: la llegada repentina a un teatro. La soñadora está impaciente por aparecer en público.

Interpretación

Varias imágenes de este sueño prueban que la protagonista siente una fuerte necesidad de ser valorada: el automóvil de lujo, la impaciencia por salir al escenario (para ser admirada). Padece una falta de confianza en ella misma que genera un complejo. Ella desearía franquear la frontera para ser, finalmente, diferente de lo que es en realidad. La última escena indica, sin embargo, que la mujer quiere representar siempre un personaje; por tanto, todavía no admite ser plenamente ella misma. Siempre tiene necesidad de ser valorada por la mirada de los demás (simbolizada a la vez por los aduaneros y el público).

Capítulo 3: Los instrumentos de la interpretación simbólica (pág. 68)

1) ¿Qué asociaciones de ideas se establecen a partir de la imagen del diamante?

Algunas asociaciones de ideas: riqueza, minas, realeza, múltiples facetas, noviazgo, cualidad propia, dureza, capacidad de cortar, James Bond, eternidad, brillo, luz...

2) ¿A qué juego de palabras o expresión popular puede llegarse a partir de una de las imágenes de este sueño?
La expresión popular oculta en el sueño es «lavar los trapos sucios en casa». La «limpieza» que se invita a hacer a la protagonista del sueño puede iniciarse en su propia casa.
3) ¿Qué palabras pueden ayudar a analizar este sueño?
— Vigía, que invita a la soñadora a vigilar, a estar atenta a una circunstancia de su vida, a ser previsora, a mantenerse a la espera.
— Dominar, que sugiere a la mujer que sueña que debe ver las cosas desde arriba, con la condición de no adoptar un comportamiento dominante con respecto a los demás.
4) ¿Le recuerda este sueño algún mito, cuento o leyenda?
El dios egipcio con cabeza de chacal representa a Anubis, que pesa las almas en el momento de la muerte. Esta «psicostasis» era una de las creencias fundamentales de la religión egipcia. Consistía en pesar el alma, que era ligera si la persona había llevado una vida ejemplar, o pesada, si había cometido malas acciones. Esta escena invita a la soñadora a reconsiderar su vida —sobre la cual le interroga la estatua—, a pesar el bien y el mal, y a renacer en otra vida, simbolizada aquí por la muerte.
5) En estos dos sueños (5 y 6), identifique los elementos que pueden ser interpretados por el psicoanálisis de Freud o la psicología analítica de Jung.
Sueño núm. 5: el inquietante desconocido es una figura de sombra, según el arquetipo de Jung. El soñador tiene que sacar a la luz su parte «negativa», que prefiere mantener en la sombra, y tomar consciencia de ella.

Sueño núm. 6: la imagen de la ostra que se entreabre suavemente con el calor evoca, desde la óptica freudiana, el sexo femenino. Ahora bien, este sueño es el de un hombre que busca una compañera con quien poder tener relaciones sexuales. Sin embargo, el sueño le da un consejo muy valioso: hace falta calor afectivo. La alusión a un instrumento apropiado para abrir la concha también es muy clara: el falo. Pero únicamente el sexo, sin ternura, no es una ganzúa que pueda abrir relaciones satisfactorias: este es el mensaje de este sueño.

Capítulo 4: Analicemos nuestro diario de sueños (pág. 80)

Considere estos tres sueños: ¿son sueños diferentes con una imagen o un tema comunes?

Los tres primeros sueños (estar embarazada, encontrarse un bebé enclenque, entregar el bebé) son sueños diferentes con una imagen común, el bebé que simboliza el sí-mismo, el ser interior, pero responden a interpretaciones diferentes:

— estar embarazada es una promesa de posibilidades creadoras;
— encontrarse un bebé débil destaca una falta de atención a la vida interior;
— entregar el bebé muestra la negativa a conocer la propia personalidad profunda.

Y los tres sueños siguientes, ¿tienen una imagen o un tema recurrentes?

Los tres sueños siguientes (estar embarazada, descubrir un tesoro, cavar en el jardín) son diferentes pero presentan un tema recurrente: a primera vista, las imágenes son variadas, sin puntos comunes aparentes. Y sin embargo, el tema es el mismo: la riqueza interior. En los sueños 1 y 3, no está cultivada. Por el contrario, en el sueño 2 se encuentra la riqueza y esta puede alcanzar la plenitud.

Pequeño vocabulario de los sueños

Las diez imágenes más frecuentes en los sueños

En este apartado, encontrará las diez imágenes que aparecen con mayor frecuencia en los sueños, a partir de los incontables testimonios que he recibido en la televisión y en la radio. Por ejemplo, he constatado que los sueños de muerte constituyen aproximadamente una cuarta parte de los sueños que me han sido comunicados. Estas diez imágenes fundamentales o, mejor dicho, grupos de imágenes no abarcan todas las imágenes posibles de los sueños. El objetivo de este apartado no es presentar un diccionario, sino ofrecer una posibilidad inicial de interpretar uno mismo una cantidad importante de sueños. Por lo que respecta a las imágenes más excepcionales, se recomienda la lectura de Dictionnaire des rêves.[1]

1. La casa (salón, cocina, desván y bodega, dormitorio, retrete y cuarto de baño, comedor, pasillos y escaleras).
2. El cuerpo (manos, piernas, cabeza, garganta/cuello, ojos, desnudez).
3. Los dientes y el cabello.
4. Los animales (araña, gato, perro, pájaro, caballo, rata, serpiente).
5. Las imágenes de la muerte (cementerio, ataúd).
6. El bebé.
7. Los transportes (coche, tren).
8. El vuelo, la caída.

---

1. Renard, H.: Dictionnaire des rêves, Albin Michel, 1998.

9. La comida.
10. El dinero (monedas, joyas, oro).

1. La casa

La casa es el símbolo de la vida «interior». Tradicionalmente —como ya observaba Artemidoro, un importante intérprete de los sueños de la antigüedad— representa el cuerpo humano, con sus diferentes partes, y la estructura psicológica del soñador, lo que podríamos denominar su «vida interior».

La casa es, en su conjunto, la imagen de la persona que tiene el sueño. Dicho de otro modo, la forma en que vemos la casa representa nuestra situación interior. En efecto, la casa simboliza la esfera íntima personal. Si aparece deteriorada, en desorden, significa que estamos pasando por un periodo carente de estabilidad, que requiere una gran limpieza (de nuestros comportamientos o nuestras relaciones). Si nos resulta desconocida, es que nos conocemos mal, que hay disposiciones en nosotros mismos que ignoramos. Asimismo, las habitaciones vacías de la casa representan partes de nosotros mismos, capacidades no explotadas o talentos de los que no tenemos conocimiento. Si no somos propietarios, sino arrendatarios, significa que no utilizamos suficientemente nuestras capacidades.

Por otro lado, cada habitación de la casa posee un simbolismo particular.

El salón

El salón es el lugar en que se recibe a los amigos y a los visitantes. Tiene una relación muy estrecha con el ámbito de las relaciones sociales. Un salón desordenado indica que el soñador se siente incómodo en sociedad, por razones que deben buscarse.

La cocina

Es el lugar donde los ingredientes en bruto se transforman en manjares refinados. Un sueño que se desarrolla en la cocina es una señal positiva, ya que indica un periodo de transformación, de evolución. Algo cambiará en nuestra vida y nos ayudará a avanzar. Pero nadie hará de cocinero en nuestro lugar: nosotros debemos conducir nuestra vida y aportar las mejoras necesarias. Este tipo de sueño incita a realizarlas.

El desván y la bodega

El desván hace referencia al pasado, porque en él se guardan los trastos, los recuerdos, los objetos de tiempos pasados. Digamos de paso que, generalmente, estas cosas se han convertido en inútiles. Un sueño que tenga el desván como decorado puede invitarnos a no utilizar continuamente el pasado para afrontar mejor el futuro.

En cuanto a la bodega, ese lugar en que tradicionalmente se guardan el buen vino y la leña o el carbón, simboliza las riquezas que yacen en las profundidades de nuestro inconsciente.

El dormitorio

Es sin duda la imagen que aparece más frecuentemente en los sueños. Está ligado a todo lo que tiene que ver con las relaciones conyugales o sexuales. Este decorado indica que nuestro problema se sitúa precisamente en estos ámbitos.

El retrete y el cuarto de baño

Los sueños que se desarrollan en los retretes son frecuentes, pero resulta incómodo contarlos. Y esto es un error, porque se trata de una imagen más bien positiva. El retrete indica una necesidad de eliminación. Algo en nuestra vida puede «envenenarnos» y la evacuación puede aliviarnos, psicológicamente hablando.

El cuarto de baño es, más concretamente, un lugar de limpieza y purificación. La persona expresa a través de este sueño un deseo de «limpiar» relaciones, comportamientos, situaciones... Es otro signo positivo.

El comedor

Los sueños que transcurren en el comedor generalmente están construidos con este guión: la persona que sueña no encuentra su lugar en la mesa, sirve a los demás, pero no le queda nada para comer ella, se apresura a prepararlo todo, pero no queda ninguna silla libre donde sentarse y encontrar finalmente su lugar entre los demás, etc.

El comedor es el lugar en que se reparte la comida. Estos sueños muestran que no nos ocupamos suficientemente de «alimentar» nuestra propia vida interior, que no colmamos verdaderamente nuestra hambre profunda.

Los pasillos y las escaleras

Los sueños que suceden en los pasillos (en los cuales hay generalmente varias puertas o salidas) nos muestran diversas posibilidades de elección. Algunas puertas se abrirán ante nuestra presencia. Pero, por otro lado, los pasillos simbolizan un sentimiento de extravío si nos encontramos en un lugar laberíntico que no tiene fin...

Las escaleras indican la manera en que se opera la circulación entre el consciente y el inconsciente. El ascenso tiende a indicar una evolución, mientras que el descenso no es una regresión, sino un deseo de bajar hasta las profundidades del inconsciente.

2. El cuerpo

Cuando una parte del cuerpo entra en escena en un sueño, hay que plantearse la función que tiene formulándose una pregunta muy simple: ¿para qué sirve? La respuesta nos pone sobre la pista de la interpretación.

Las manos

¿Para qué sirven las manos? En primer lugar, para entrar en contacto con los demás. El primer gesto de bienvenida es tender la mano para saludar. Muchas veces apoyamos nuestro discurso con gestos hechos con las manos. Y, en el lenguaje de los sordos, sirven para formar signos y palabras. Globalmente, las manos son un instrumento irreemplazable para actuar, crear, ejecutar y comunicar. El trabajo manual es todavía un trabajo noble, incluso en la época de las máquinas. No olvidemos que las manos también sirven para acariciar, para expresar ternura y amor (sea cual sea la edad, desde el bebé hasta el anciano). Finalmente, las manos ayudan a transmitir energías beneficiosas, fluidos que calman y curan.

Las manos mutiladas. Con frecuencia, las manos aparecen en los sueños en mal estado: cortadas, mutiladas, heridas, atadas, sucias o mordidas. Esta imagen negativa es penosa, impresión que no hace más que reforzar el mensaje del sueño: se debe examinar la vida desde la perspectiva de la comunicación con los demás, de las capacidades creadoras o de las maneras de expresar el afecto. El sueño de las manos mutiladas intenta llamar la atención sobre uno de estos tres ámbitos.

Los sueños de manos cortadas indican la incapacidad de desarrollar las propias facultades. Algunas mujeres han tenido que sufrir el comportamiento de un hombre (padre y/o marido) y la única fórmula que han encontrado de protegerse ha sido la pasividad. Hacen correctamente todo lo que les impone el deber, tanto en casa como en el trabajo, pero no ponen «vida» ni «calor» en ello. Actúan por obligación, de manera más o menos consentida, y sólo sienten en el fondo de sí mismas un inmenso disgusto porque su naturaleza profunda, con su riqueza y su creatividad, no logra expresarse. Cuando alguien tiene un sueño de este tipo, mi consejo es que busque inmediatamente una actividad que le llene, en el ámbito social, cultural o artístico, y que desarrolle sus relaciones de amistad y familiares.

«Yo me lavo las manos.» Esta célebre frase, que pronunció Poncio Pilatos en el juicio de Jesucristo, significa que él no quería tener la responsabilidad de una ejecución injusta. «Lavarse las manos» se ha convertido en una expresión para declinar una responsabilidad. En el sueño, el hecho de lavarse las manos tiene dos significados: o bien nos purificamos (es un gesto de ablución), o bien nos justificamos (nos consideramos no responsables e inocentes de lo que pueda suceder).

Las piernas

Las piernas hablan de nuestra progresión y equilibrio. Estos sueños nos invitan a revisar nuestro comportamiento. Las personas que están inmovilizadas a causa de un accidente, o los minusválidos, saben cuánta libertad proporcionan las piernas. Hallarse inmóvil es ser dependiente, carecer de autonomía. En los sueños en que las piernas aparecen bloqueadas o se está hundido en el fango, se intenta levantar con muchas dificultades una pierna y después otra, se intenta huir, pero resulta imposible, ya que las piernas no responden. Es una situación tan penosa y agotadora, que no resulta raro despertarse con la sensación física de una intensa fatiga (lo cual demuestra que los sueños pueden tener efectos fisiológicos muy reales).

Las piernas tienen dos papeles principales: sirven para mantener el equilibrio y para avanzar. Si un sueño nos muestra una dificultad en las piernas, es que nos encontramos en un momento de nuestra vida en que el equilibrio está amenazado y nuestro progreso personal está comprometido.

El sueño de las piernas paralizadas puede entenderse como un consejo: no es el momento de desarrollar nuestros proyectos, sino de dejarlos para más adelante y tomarnos un tiempo de reflexión.

Algunas partes de la pierna son especialmente interesantes de analizar: el muslo, la rodilla y el talón.

El muslo: una fuerza muy a menudo ilusoria. En la Antigüedad clásica, el muslo era un símbolo de la fuerza viril. De los amores de Zeus, el dios del Olimpo, y Sémele, una mortal, nació Dioniso. Sémele pidió ver el esplendor del soberano de los cielos, Zeus accedió y la pobre murió fulminada ante tanta luz de gloria. Pero Zeus pudo arrancarle el niño y lo escondió en su muslo. Más tarde, Dioniso fue llamado «el que nació dos veces». Los sueños en los que aparece el muslo destacan una tendencia a ilusionarse sobre las capacidades propias, a creerse superior a los demás.

La rodilla: un poco de humildad. A veces, las rodillas aparecen despellejadas o el protagonista del sueño camina de rodillas. Por regla general, la rodilla simboliza la sumisión. Se doblaba la rodilla ante Dios y ante el rey. Si nos vemos frecuentemente arrodillándonos y haciendo juramentos, es que tenemos una tendencia excesiva a dejar que los otros ejerzan su autoridad sobre nosotros. ¡Un poco de humildad está bien, pero el servilismo es perjudicial!

El talón: punto vulnerable. La Ilíada, el poema épico de Homero, nos explica por qué el talón es símbolo de vulnerabilidad. Ya nos hemos referido a este relato de la mitología griega (véase pág. 51). Al nacer, el valeroso Aquiles había sido sumergido en el agua de la laguna Estigia por su madre para que fuera invulnerable. Pero Tetis olvidó mojarle el talón del pie por el que le sujetaba. Allí fue donde el troyano Paris le disparó una flecha mortal. Si en un sueño sufrimos una herida en el talón, significa que el inconsciente nos recuerda que también tenemos debilidades ocultas.

La cabeza

La cabeza protege el cerebro y está considerada la sede de las funciones llamadas «nobles»: pensamiento, voluntad, inteligencia, razón, memoria y, en general, la consciencia. La cabeza es la parte que gobierna el cuerpo y los comportamientos. Es una forma tradicional de resumir su función, ya que actualmente se sabe que otros órganos (glándulas suprarrenales y sexuales) influyen en el comportamiento liberando ciertas hormonas.

Perder la cabeza. En los sueños, la imagen de una cabeza —ya sea la del soñador, ya sea la de un personaje— hace alusión a la capacidad de razonar, sobre todo cuando está amenazada. Las expresiones populares son útiles en la interpretación: «perder la cabeza» en el caso de una pasión; «tener la cabeza nublada» cuando las facultades mentales están alteradas; «sin pies ni cabeza» para designar algo carente de significado. Ver un cuerpo sin cabeza muestra que nuestra capacidad de reflexionar está muy alterada. El sueño nos invita a utilizar mejor el sentido crítico, el juicio y la lógica para mejorar el comportamiento.

Cadalso o guillotina. ¿Es una reminiscencia de la Revolución francesa en el inconsciente colectivo? En cualquier caso, estas imágenes no están ausentes de los sueños de nuestros contemporáneos. Es una forma de perder la cabeza, pero brutal. Los sueños en los que interviene el cadalso pueden estar ligados a problemas de sexualidad, lo cual no debe sorprendernos si consideramos que la cabeza es la sede principal de la sexualidad.

Otra posible interpretación: la cabeza simboliza el principio vital. Cortar un miembro no provoca la muerte, pero cortar la cabeza sí. Algunos guerreros de la antigüedad decapitaban a sus enemigos para apropiarse de su fuerza. En definitiva, la imagen de la cabeza en el sueño puede estar relacionada con la energía vital.

La garganta

Permite la circulación del aire entre el exterior y el interior de nuestro organismo. Por tanto, está en relación con una de las funciones más esenciales de la vida: la respiración. Este órgano también es la sede de las cuerdas vocales, es decir, de la voz, por lo que también está relacionado con lo que queremos decir y expresar. En el sueño, cualquier imagen que bloquee, comprima, obstaculice o hiera la garganta manifiesta una dificultad para «respirar», en el sentido de sentirse a gusto. Una situación de la vida del soñador le provoca un «ahogo». Se siente incapaz de expresar su emoción y su sufrimiento.

En la garganta se concentran la angustia y la emoción. Las expresiones populares recuerdan que la garganta es una sede privilegiada de la esfera emocional: «tener un nudo en la garganta», «no tragar a alguien» o «tenerlo atravesado en la garganta».

En los sueños, las imágenes más frecuentes mostrarán:

— un ahogo por culpa de algo que obstruye la garganta: un chicle, un trozo de carne, un cordón, una bola, trozos de cristal, insectos, en resumen, algo que impide tragar y respirar;

— un estrangulamiento con las manos o con cuerdas.

Las imágenes de este tipo invitan a reflexionar sobre lo que puede ser motivo de angustia: un mal recuerdo, una experiencia dolorosa, inquietud por el futuro, tristeza o cualquier otra causa que genere un sentimiento de opresión, que impida vivir respirando desahogadamente. También se debe buscar «aquello que no ocurre» en las relaciones familiares, profesionales y sociales.[2]

Además, soñar que se tiene la garganta apretada u obstruida ilustra una dificultad para expresar el sufrimiento y sugiere al soñador que intente hablarlo con alguien. Las palabras sirven para aliviar los males y hablar con un amigo puede producir bienestar. Si esto no bastara, habría que considerar la posibilidad de una terapia.

Diremos, por último, que todos los sueños en los que aparecen imágenes de la lengua (por ejemplo, cuando aumenta de tamaño desmesuradamente) o del cuello (incluido el collar que lo aprieta) pueden corresponderse con este mismo tipo de interpretación.

Los ojos

Los ojos, el órgano de la visión, son la ventana que da al mundo, pero también son el órgano de la clarividencia interior. Por ello, tienen una especial importancia en las tradiciones espirituales, ya que simbolizan el discernimiento, la capacidad de ver claro en uno mismo, de no ilusionarse con las propias cualidades, defectos o capacidades, de anali-zar las conductas propias con lucidez.

2. También puede ser útil buscar las causas biológicas de estos sueños, como la apnea del sueño. En efecto, no se debe descartar la idea de que algunos sueños puedan tener causas somáticas (corporales).

En el sueño, la imagen de una mirada, de uno o de los dos ojos —de quien sueña o de otro personaje, o incluso de un animal— destaca una dificultad para «ver las cosas como son» e invita al soñador a mirar la realidad de cara, a mirarse de un modo distinto o a ver con otros ojos las circunstancias de su vida y a los demás. Todas las imágenes que se relacionan con la vista, la mirada, los ojos o la incapacidad de ver, la ceguera o cualquier herida en este órgano (un ojo reventado, por ejemplo), responden a la misma interpretación.

Ciertas imágenes más específicas indican que la persona que sueña está en el camino de una toma de consciencia: encontrarse con un sabio ciego, visualizar el tercer ojo (símbolo de la clarividencia, etc.). Es una indicación muy positiva porque una toma de consciencia representa una etapa en la evolución individual y, a menudo, en la resolución de los problemas.

Asociando ideas relacionadas con la expresión «no le quito el ojo de encima», el sueño evoca a veces una «vigilancia» más o menos bien asumida por la persona que sueña: alguien, que no le quita el ojo de encima, no le deja vivir y evolucionar. La expresión «ojos que no ven…» sugiere que la persona que tiene el sueño está tentada a evitar el esfuerzo necesario para solucionar un problema. Un sueño en el que aparecen los ojos es siempre un mensaje importante que debe tomarse en consideración.

El cuerpo desnudo

Ver el propio cuerpo desnudo es un sueño frecuente. La ropa tiene varias funciones: protege del frío, indica una pertenencia social, oculta el cuerpo y, concretamente, permite mostrarse a los demás tal como uno quiere que le vean. Por tanto, el hecho de no llevar ropa indica, simbólicamente, el deseo de dejar de ocultarse detrás de las apariencias y vivir por fin la verdadera personalidad. Puesto que los vestidos simbolizan la imagen que uno quiere dar de sí mismo, un sueño de desnudez puede indicar que uno se siente totalmente a gusto o, por el contrario, inadaptado a su medio social. En el sueño, desnudez es igual a verdad.

En la mayor parte de nuestros sueños, la desnudez nos invita a ser auténticos: ha pasado ya el tiempo de las imitaciones y de las mentiras; ahora conviene no hacer trampas y enfrentarnos a nosotros mismos, en nuestro interior, y a los demás, en la vida social.

Los sueños de desnudez no son eróticos, pero pueden tener alguna relación con la sexualidad, sobre todo si esta es vivida con vergüenza. En tal caso, la desnudez puede simbolizar las dificultades que tiene el soñador para tratar el tema de la sexualidad con las personas de su alrededor.

Naturalmente, estar desnudo también es ser pobre. Simbólicamente, es una pobreza más psíquica que material. Ante una situación laboral delicada, uno se puede sentir desprovisto, desarmado. Esta «pobreza» de medios para luchar y defenderse comporta un sufrimiento, más o menos consciente, que el sueño pone de relieve. Pero en el plano psicológico, existe otra «pobreza», la que se deriva de una liberación de obligaciones. Optar por simplificar es liberatorio. Desnudarse es muchas veces despojarse de lo inútil. Una vez más, una imagen puede ofrecer significados muy diferentes.

3. Los dientes y el cabello

Los dientes, al igual que los cabellos, simbolizan la energía, la fuerza vital, ligada a la buena salud. Perderlos en el sueño indica, pues, una pérdida de dicha vitalidad y muestra que se está pasando por un periodo difícil y agotador.

Los sueños en los que se pierden dientes o se cae el pelo suelen darse en periodos depresivos o de cansancio. Todo el mundo pasa por estas épocas de fatiga y no hay que inquietarse por estos sueños. Pero si se repiten se podrán considerar un aviso de un desequilibrio pasajero de la energía vital: si la situación no se soluciona (el soñador es quien tiene que definir de qué situación se trata), corremos el peligro de agotarnos inútilmente.

Los dientes

Según la superstición popular, el sueño en el que se nos caen todos los dientes es un signo de muerte. ¡Tranquilo, hay otras interpretaciones posibles!

Falta de agresividad. Los dientes sirven para morder, ya sea para atacar, ya sea para defenderse. Esto es evidente en el mundo animal, pero también es aplicable a los seres humanos. Quien adolezca de energía para luchar o defenderse soñará a menudo que pierde los dientes.

Un problema de asimilación. Otra interpretación es posible a partir de otra función de la dentadura: la asimilación del alimento. El sueño no evoca solamente el alimento «terrestre», sino a veces también el alimento intelectual o espiritual. En este caso, la pérdida de los dientes simboliza las dificultades que tiene el soñador para asimilar sus tareas profesionales, para aceptar retos de tipo intelectual o religioso, etc.

La interpretación será diferente si se trata de las muelas o los incisivos. Las piezas del fondo de la boca son fuertes y sirven para desmenuzar los alimentos, mientras que las piezas de delante están relacionadas con la sonrisa y, por consiguiente, con el rostro que mostramos a los demás. El sueño nos avisa de que no debemos contentarnos con «parecer».

Querellas y conflictos. Las expresiones populares son siempre muy valiosas para la interpretación de los sueños: «mostrar los dientes a alguien», «tener los colmillos afilados» (criticar), etc. Los sueños en los que se pierden dientes pueden transmitir un mensaje concreto: se debe dejar de mostrar los dientes a una determinada persona, cesar los conflictos y reconciliarse.

Una emotividad excesiva. Una última interpretación posible: perder los dientes es perder el control de la emotividad. En efecto, ante ciertas situaciones tenemos que aprender a «apretar los dientes» e incluso, cuando el miedo nos invade, a que no nos «castañeteen». El sueño indica que tenemos que controlarnos mejor y dominar nuestros sentimientos.

El cabello

Desde siempre, una cabellera abundante ha sido un atributo de la seducción para las mujeres y un símbolo de la fuerza viril para los hombres. En la Biblia, cuando Dalila corta la melena a Sansón mientras este está durmiendo, le priva de su fuerza (física y sexual, y, en el plano psicológico, de su capacidad creadora). Tradicionalmente, el hombre con el pelo rapado es sumiso. En el pasado, los reyes guerreros llevaban el pelo largo y cortaban el de sus enemigos para aniquilar su fuerza.

Signo de seducción. Tanto para las mujeres como para los hombres, soñar con la pérdida del cabello está relacionado muchas veces con la capacidad de seducción e indica miedo a perder el atractivo. Es un sueño que refleja dificultades en las relaciones amorosas.

Piojos en el cabello. La presencia de parásitos capilares es una exageración del sueño para poder transmitir su mensaje: dado que la persona todavía no ha entendido su problema (de seducción o de falta de energía), el sueño envía imágenes más fuertes y desagradables. Los piojos despiertan asco. Deben interpretarse de este mismo modo todos los sueños de cabello sucio, despeinado, enmarañado, etc.

El cabello blanco. Simboliza la sabiduría de la edad madura. La aparición de un personaje de edad avanzada con cabello blanco, que tiene algo que enseñar, puede ser interpretada como un consejo presidido por la sabiduría.

Peinarse. Ordenarse el pelo, peinarse, cambiarse el peinado... todas estas imágenes son positivas y revelan un deseo de organizar mejor la propia energía y la vida, en general. Pensamientos, ideas, proyectos y decisiones empiezan a ponerse en su sitio, pese a que todavía exigen esfuerzos. Este sueño es positivo, pero menos frecuente que los otros. Tampoco se debe olvidar la expresión «tirarse de los pelos»: un sueño en el que aparezca esta expresión podría referirse a la inquietud por haber perdido una oportunidad.

Cortarse el pelo. Cortarse el pelo tiene otro simbolismo: la renuncia, o también el luto. Los monjes, sacerdotes y religiosos en general se rapan el cabello para dar a entender la renuncia al mundo material y a las riquezas. Este sueño de cortarse el pelo se puede interpretar de dos maneras:

— como una incitación a la renuncia (a un deseo o a un proyecto);
— como una indicación del comportamiento habitual del soñador: renuncia con facilidad, sin intentar modificar su actitud.

Renunciar a luchar, por ejemplo, puede traducir el rechazo de la agresividad, la huida ante las dificultades para no tener que solucionar los problemas, el rechazo de la seducción o la negativa a estar en una posición de dominio.

4. Los animales

Al analizar el comportamiento dominante de un animal se puede encontrar la idea que sugiere el sueño. Por ejemplo, la principal característica del perro es la fidelidad a su amo. Por tanto, los sueños en los que aparece un perro suelen estar referidos a un problema de fidelidad y de infidelidad.

Los sueños en los que el protagonista es perseguido por animales inquietantes (toro, lobo, león, etc.) son un recurso para insistir y remarcar el asunto principal del sueño. Intentan captar nuestra atención sobre un problema que no queremos ver.

La araña

Acechando su presa en el centro de la telaraña, este animalito, que raramente se contempla con simpatía en los sueños, evoca una idea de trampa y de cautividad. Si soñamos a menudo con arañas, sin duda estaremos pasando por una situación (laboral, familiar o sentimental) en la que creemos que nos están tendiendo una trampa. ¡A cada uno le corresponde descubrir de qué situación se trata!

Observe cómo se comporta con la araña: ¿activa o pasivamente? ¿Hace algo para deshacerse de ella o huye? La respuesta a estas preguntas muestra cómo nos comportamos en la vida ante las trampas que nos ponen en problemas.

La mujer devoradora. Algunas veces la araña simboliza una persona, a menudo una mujer, que nos intenta perjudicar, consciente o inconscientemente. Por ejemplo, hay madres que, creyendo obrar bien, son invasoras e impiden el desarrollo de sus hijos. Por esta razón, la araña aparece frecuentemente en los sueños de los adolescentes.

La araña también puede ser el símbolo de una mujer seductora que tiende su trampa al corazón de un hombre.

Las telarañas polvorientas. Las viejas telarañas que decoran, por decirlo de algún modo, los desvanes y los lugares abandonados también son interesantes. Simbolizan todo aquello que, en la vida del soñador, es polvoriento, lo que pertenece a su pasado y exige ser barrido: sentimientos caducados, recuerdos antiguos, vínculos sentimentales inútiles en el presente, comportamientos superados, etc. La presencia de estas telarañas es una invitación a hacer una buena limpieza en nuestra vida.

El gato

Las características del comportamiento del gato nos informan sobre su simbolismo en los sueños. El gato es un animal independiente y despreocupado. Le gusta jugar, se muestra meticuloso en su territorio y puede ser capaz de una traición astuta e incluso cruel. En efecto, bajo su patita de terciopelo se esconden unas terribles zarpas.

En los sueños, el gato aparece a menudo como un símbolo de feminidad. Tanto si quien sueña es un hombre como si es una mujer, un sueño en el que aparece un gato remarca la parte femenina de la persona. No siempre es fácil entender qué encubre este componente femenino que todos poseemos y que constituye el contrapeso de nuestro componente masculino para que haya un equilibrio psicológico. Son dos formas de nuestra energía vital, y nuestro desarrollo personal depende sobre todo de la capacidad que tengamos de armonizarlas bien. Muchas veces, el gato evoca dificultades en la expresión de la sexualidad femenina.

En el sueño, la presencia de un gato agresivo, furioso y arisco tiene la función de captar nuestra atención sobre el miedo inconsciente que tenemos a la sexualidad entendida como una especie de agresión. En este caso se plantea la posibilidad de buscar ayuda psicológica para entender mejor el origen de esta reacción.

El perro

Al igual que todos los animales en los sueños, el perro evoca nuestros instintos: maternal, sexual, de supervivencia, de defensa... Puede ocurrir que una educación muy severa, una moral mal entendida y «castradora» haya ahogado estos instintos. Entonces, el instinto reprimido se hará oír a través de una vía inconsciente, la vía del sueño.

Si el perro de nuestro sueño se comporta de forma amistosa, independientemente de que sea pequeño o grande, es que la relación con nuestros instintos es la correcta; es decir, los controlamos (la agresividad, por ejemplo) sin negarlos, lo cual es positivo, porque a veces es bueno tener un arranque de cólera, aunque sólo sea para tener consciencia de este rasgo del propio carácter.

Si, por el contrario, el perro es agresivo y amenazador, es que hay un problema: o bien no dejamos que nuestros instintos se expresen suficientemente, o bien estos nos dominan y nos tienen esclavizados.

Se cuestiona la fidelidad. Como ya hemos dicho, la característica dominante del comportamiento del perro da lugar a otra interpretación. El perro es fiel, tiene apego por su dueño, sólo le obedece a él y daría su vida por defenderlo. Esta característica nos autoriza a pensar que soñar con un perro puede estar relacionado con un problema de fidelidad (o de infidelidad) en la pareja.

El perro lazarillo. Este tipo de perro no sólo sirve de guía a los ciegos. En las civilizaciones griega y egipcia, conducía el alma hasta el otro mundo y se le conocía con el nombre de «psicopompo». En los sueños puede simbolizar esta energía que nos guía hacia las profundidades de ese mundo desconocido y oscuro que es nuestro inconsciente a fin de garantizar nuestra transformación interior.

¿Blanco o negro? El color del perro no es indiferente. En general, la agresividad está relacionada con el negro y la afabilidad con el blanco. Sin embargo, ambos colores pueden estar presentes en un mismo sueño para recordarnos que, incluso en el nivel de los instintos, los opuestos tienen que coexistir y compenetrarse. La dualidad, el anverso y el reverso, lo que los taoístas llaman el yin y el yang, forma parte integrante de toda experiencia vital.

En ciertas tradiciones, como en la India y en el mundo musulmán, el perro está considerado un animal impuro y abyecto. «Hijo de perra» es un insulto frecuente en muchas culturas, pero resulta especialmente ofensivo en Oriente Próximo. Sin embargo, este aspecto aparece muy raramente en la interpretación de un sueño en el que intervenga un perro y sólo si el protagonista del sueño adoptara este comportamiento de extrema docilidad y miedo, de rebajarse ante los demás.

El ejemplo del perro ilustra la importancia en la interpretación de las referencias culturales de la persona que sueña.

El pájaro

En todas las tradiciones, el pájaro representa el alma, es decir, este principio viviente que está en nosotros y que entronca con lo divino. El pájaro es símbolo de espiritualidad y, por tanto, de las cualidades que acompañan el estado espiritual auténtico: la sensación de ligereza, de liberación y de libertad. Carl Gustav Jung decía: «El pájaro es una imagen de la trascendencia espiritual».

Muchas personas parecen ignorar que su alma necesita un alimento espiritual, del mismo modo que su cuerpo necesita alimento material. Si no se cultiva (mediante la lectura, la meditación o la plegaria), acaba marchitándose, endureciéndose, perdiendo su belleza y sensibilidad. Soñar con pájaros enjaulados y moribundos, que ya no cantan, son imágenes que indican al soñador que su alma sufre.

Un deseo de libertad. No debe sorprendernos que los adolescentes sueñen frecuentemente con pájaros, sobre todo si perciben la familia o la escuela como medios restrictivos en relación con sus aspiraciones profundas y su deseo de independencia. Les gustaría volar con sus propias alas. Y también a veces desearían despegarse de la realidad cotidiana, sobrevolarla para escapar de ella.

El símbolo de nuestros pensamientos. Las personas dedicadas a tareas sin interés, ya sea en la oficina, en la fábrica, en el almacén o en su casa, y que no pueden desarrollar sus capacidades creativas tienen a menudo sueños en los que aparecen pájaros revoloteando, o, al contrario, enjaulados. Representan los pensamientos y las ideas que atormentan al soñador, que se siente prisionero. En casos extremos, simbolizan una perturbadora agitación mental.

El caballo

El caballo es la conquista más noble del hombre, según Buffon. Efectivamente, una vez domesticado, es capaz de realizar miles de tareas en el campo, la guerra, el transporte, las carreras, etc. El caballo posee un amplio simbolismo en todas las mitologías y tradiciones, por su condición de inseparable compañero del ser humano.

En los sueños suele aparecer en estado salvaje, encabritado y finalmente atacando al protagonista del sueño, que siente un gran pavor. Sin embargo, este a veces logra calmar al animal, lo atrae hacia él y lo acaricia. La interpretación del sueño deberá tener en cuenta dos comportamientos, el del hombre y el del animal, ya que ambos representan diferentes aspectos psicológicos de quien sueña.

Para los adolescentes, un caballo bien adiestrado indica un deseo de controlar sus nacientes pulsiones.

Los instintos. De una manera general, el caballo representa nuestra esfera instintiva. Encarna la bestia que hay en nuestro interior y también el psiquismo inconsciente... Un gran psiquiatra, Alfred Adler, confirma este punto de vista: «El caballo representa el impulso biológico, la energía natural o, en su sentido más amplio, la esfera del inconsciente intelectual. Es la masa de energía primitiva que exige una dirección consciente, el caballero o el cochero, para que sea productiva en el sentido humano y espiritual».[3]

Todos los sueños en los que aparecen caballos hablan de estas fuerzas instintivas, que están demasiado controladas, son rechazadas o intentan expresarse. Y, naturalmente, conciernen a la libido, la energía vital y sexual, tal como demostró Freud.

Caballo blanco, caballo negro. Tradicionalmente, el negro causa terror y el blanco tranquiliza. El negro es simplemente una señal de conflicto entre los instintos violentos y la razón. En cuanto al caballo blanco, a menudo representa las fuerzas que no han sido liberadas. Su aparición nos sugiere que debemos abrir la mente, cambiar los comportamientos habituales que bloquean nuestra evolución.

El caballo que alza las patas delanteras. El caballo encabritado expresa la emoción mal controlada del soñador, que tiene dificultades para controlar sus pulsiones sexuales.

3. Adler, A.: El conocimiento del hombre, Espasa, 1984.

La rata

La imagen de una rata en el sueño nunca es agradable. Se trata de un sueño angustioso, y la persona que lo tiene se pregunta si anuncia algo positivo. Pero esto es injusto para este pobre animal. En nuestro inconsciente colectivo occidental, la rata es portadora de enfermedades, como la peste. Sin embargo, hasta no hace mucho, en China y en la India simbolizaba la pros-peridad. En realidad, tendríamos que reconocer que, en muchos laboratorios, la rata se utiliza para llevar a cabo experimentos médicos que un día u otro aportarán bienestar a los seres humanos. Al menos podríamos estar agradecidos, y esperar que estos experimentos sean sustituidos por otros métodos. Recordemos cuáles son las imágenes tradicionales asociadas con este animal: la rata es un roedor clandestino, que vive en la oscuridad, sale de noche y se mueve en las alcantarillas y otros lugares sórdidos. Su mordedura se considera peligrosa y se cree que es un animal nocivo para las cosechas.

El roedor. ¿Qué significa su aparición en los sueños que, en este caso, suelen ser recurrentes? Simplemente que tenemos grandes preocupaciones, una angustia, una gran tristeza. A veces es difícil valorar la amplitud del problema que nos corroe; en algunos sueños en los que aparecen ratas, el problema puede ser una simple disputa familiar y, en otros, una terrible enfermedad. No se debe tomar la imagen de la rata como premonitoria de una dificultad, sino más bien como reveladora de una angustia, más o menos profunda según la persona, ya que cada uno reacciona a su manera.

¿Un problema sexual? Se cree que una sexualidad mal vivida, negada, obsesiva puede generar sueños de ratas, sobre todo si

en el escenario de este sueño aparecen imágenes de la cama y el dormitorio.

Soñar con una rata puede revelar un comportamiento habitual. Observemos nuestra actitud ante el animal. La huida traduce la tendencia a no enfrentarnos a una situación delicada. ¿Nos muerde? ¿En qué parte del cuerpo? Si nos muerde en la mano, el problema se sitúa en el ámbito de la creatividad o de la comunicación. En el pie, es indicativo de problemas en el equilibrio o dificultades para avanzar... Cada parte del cuerpo es simbólica.[4]

No olvidemos examinar el final del sueño: si nos imponemos y la rata acaba teniendo miedo de nosotros, es que estamos en el camino de la mejora, que tenemos la voluntad de no dejar que la angustia nos acabe ahogando.

La serpiente

La serpiente aparece con frecuencia en los sueños porque es una de las principales expresiones del inconsciente. En los templos de incubación[5] de la antigua Grecia, especialmente en los dedicados a Esculapio, el dios de la medicina, la persona que deseaba obtener una respuesta a su pregunta a través del sueño se acostaba sobre serpientes... que, evidentemente, no eran venenosas. Es muy difícil resumir en pocas líneas el rico y denso simbolismo de este animal. Por ello nos ceñiremos a unos datos principales que corresponden a los sueños más frecuentes.

---

4. Véase el apartado en el que se explica el simbolismo de las diferentes partes del cuerpo (pág. 99 y siguientes).

5. Incubación: en la antigüedad griega (y también en Egipto), método para entrar en relación con los dioses a través de los sueños.

Cambiar de piel. Al mudar y deshacerse de la piel vieja, la serpiente evoca el cambio: es el momento de cambiar de piel. Además, es el emblema de Esculapio (dos serpientes enlazadas representan el caduceo de los médicos). La serpiente simboliza las fuerzas de la salud, que conservan, sanan y curan.

Un símbolo fálico. La forma longilínea del animal evoca no solamente la sexualidad, sino que, de manera más general, representa la libido, es decir, la fuerza creadora de la energía vital. Matar una serpiente en sueños equivale a rechazar la propia sexualidad, a disminuir peligrosamente la fuente de la vitalidad o a negar las propias capacidades de creación.

Peligro o tentación. En muchos sueños las serpientes son agresivas, muerden o saltan. He observado que estos sueños pueden ser considerados advertencias. El soñador debería prestar mucha atención a este sueño. Queda por añadir que, para nuestra civilización judeocristiana, que conserva en la memoria el relato de la tentación de Eva en el jardín del Edén, la serpiente simboliza la tentación, el conocimiento peligroso.

5. Las imágenes de la muerte

Generalmente, los sueños en los que aparece la muerte son positivos, ya que, para nuestro inconsciente, esta simboliza el renacimiento, es decir, no la percibe como el fin de todo, sino como una renovación, una transformación, una metamorfosis. Las imágenes de muerte en el sueño deben considerarse signos —o necesidad— de evolución. Soñar con la muerte de uno mismo, verse en el ataúd, indicaría que la persona que protagoniza el sueño está evolucionando.

La muerte del anciano

Citando las palabras del apóstol Pablo, el «hombre viejo» dejará su lugar al «hombre nuevo».[6] A lo largo de la existencia hay varias muertes, especialmente en la adolescencia y en la mitad de la vida, dos etapas de transformación (Jung mostró que el periodo que va de los treinta y cinco a los cuarenta y cinco años para la mujer, y de los cincuenta a los cincuenta y cinco para el hombre, son esenciales en la evolución personal). Estas etapas corresponden a la muerte de un tiempo ya pasado. Se inicia una nueva fase de la vida: las actividades de antaño dejan de interesar, algunos comportamientos ya no tienen razón de ser y algunos sentimientos están apagados. Todos tenemos, en un momento u otro, la impresión de haber pasado página.

El cementerio

Los sueños en los que aparece un cementerio no son premonitorios de una muerte próxima, ya que en el sueño el cementerio no evoca la muerte, sino el renacimiento. La imagen no es de mal augurio, ya que anuncia posibilidades de regeneración para el soñador.

Después de la vida

Si se busca la tumba de una persona cercana y no se encuentra —un guión frecuente—, el sueño invita a reflexionar sobre la nueva vida del difunto, acerca de la cual es imposible dar detalles. ¿Quién podría describir con certeza la vida en el más allá? Sin embargo, la creencia en una vida después de la muerte continúa planteándonos interrogantes y la hipótesis se vuelve verosímil a juzgar por los testimonios de quienes

6. Epístola a los Colosenses 3, 10.

han vivido una «experiencia de muerte inminente».[7] Marie-Louise von Franz, que dedicó su vida al estudio de los sueños, nos adelanta: «Es evidente que el inconsciente "cree" en una vida después de la muerte».[8]

Según uno de los mejores especialistas en sueños, Raymond de Becker,[9] el cementerio simboliza siempre el apego al pasado. En este sentido, puede tratarse de la relación que manteníamos con uno de nuestros muertos, que no terminó como debía haberlo hecho...

Regresión al pasado

El cementerio de los sueños es siempre el símbolo de un desconcierto íntimo que hace experimentar una regresión al pasado y hacia los muertos, a fin de encontrar nuevas enseñanzas para la vida. Pero también existe el riesgo de permanecer ligado a lo que no volverá a ser. Recordemos que se debe vivir con el pasado, pero no «en» el pasado.

6. El bebé

El bebé simboliza el sí-mismo, es decir, el centro de nuestra vida interior que engloba el consciente y el inconsciente. Este centro tiene distintos nombres según las tradiciones. Es lo que evoca la frase evangélica «El reino de Dios está en vosotros», que resume este lugar en nuestro interior que designamos como el alma, en el que el Amor incondicional ha encontrado refugio. El maestro hindú Sri Aurobindo lo califica así: «El sí-mismo es la expresión más completa de estas combinaciones de destinos que llamamos individuo».

---

7. En inglés, NDE (Near Death Experience).

8. Franz, M. L. von: Les Rêves et la mort, Fayard, 1985.

9. Becker, R. de: Les Machinations de la nuit, Planète, 1965.

El sí-mismo a menudo no puede evolucionar debido a las agitaciones del pequeño «yo» egoísta, vanidoso, superficial... Trabajar para reducir la empresa del «yo» con objeto de hacer nacer el sí-mismo es el objetivo espiritual de la vida y de toda evolución personal.

La toma de consciencia de que más allá de nuestro «yo» existe un centro más esencial en nosotros mismos se manifiesta con ciertos sueños donde aparece un bebé o un parto. Incluso es posible soñar que se está embarazada o que se da a luz aunque ya no se tenga la edad para estarlo. Este tipo de sueño, que es muy frecuente, no sólo lo tienen las mujeres jóvenes, las que están realmente embarazadas o aquellas que desearían estarlo, sino también mujeres que han pasado la menopausia y están bastante adelantadas en el camino de la vida. El bebé del sueño no anuncia un bebé real, pero puede aludir a un deseo no satisfecho de tener un niño. En algunas ocasiones, los hombres también sueñan que esperan un hijo.

El parto

Los sueños relativos al parto son positivos. Indican un nacimiento: no el de un bebé (puesto que no son premonitorios), sino el nacimiento simbólico de la persona que sueña. Hay algo en la parte más profunda de su personalidad que pide venir al mundo. Y, naturalmente, el estado del bebé es revelador de las dificultades que se encuentran.

Por ejemplo, el bebé puede representar un proyecto personal. Una vieja historia acaba de terminarse y se están organizando nuevas ideas. ¡Es el momento de ejecutar nuestros proyectos!

El bebé desatendido

La imagen más frecuente es la de un bebé débil, olvidado en un armario, sucio de sus propios excrementos, mal alimentado, mal vestido, en una cuna sucia... Las madres que tienen este tipo de sueños se inquietan pensando que son malas madres, pero esto no tiene relación alguna con su bebé, sus hijos o su comportamiento materno, sino que se refiere a la manera en que tratamos a nuestro sí-mismo, a nuestra vida más profunda, que tendemos a dejar de lado. Tenemos que trabajar con nosotros mismos para alumbrar esta parte de nuestra vida.

Un mejor conocimiento de uno mismo, de los componentes psicológicos, del ideal que los anima, de los elementos más negativos (prejuicios, rencores, costumbres, etc.) y de los más positivos (impulsos, generosidad, etc.) es una primera etapa en esta «obra» de nosotros mismos. Esto no se hace en un día, y, de hecho, se le puede consagrar toda una vida.

Un bebé mofletudo

No todos los bebés de los sueños son esmirriados y están mal alimentados. Afortunadamente, hay otros bebés que son tal y como nos gusta que sean en la vida: risueños, con la piel suave, grandes mejillas y de aspecto saludable. Estos bebés anuncian una buena noticia: el periodo que viene será excelente, porque se abre una nueva etapa de la vida en la que llevaremos al mundo unas dimensiones de nosotros mismos que hasta el momento estaban dormidas, descubriremos nuevas posibilidades y un futuro creador.

El problema en la pareja

No se debe olvidar nunca, para interpretar los sueños en los que aparecen bebés, que estos son el fruto de una pareja. He constatado que las mujeres que atraviesan por una situación difícil con su pareja sueñan a menudo con bebés.

A veces en el sueño el bebé (o un niño muy pequeño) se ahoga. El ahogamiento es una forma de accidente que aparece frecuentemente en las pesadillas. Y cuando el bebé no se ahoga, no le ocurren cosas mejores: caídas, quemaduras, hundimientos en el fango, aplastamientos, etc. Evidentemente, estos sueños generan una angustia terrible porque se teme que puedan ser premonitorios y que la vida de un niño esté amenazada. Pero no son ni el bebé ni el niño los que están en peligro, sino que lo que no funciona es nuestra pareja. Cuando el bebé muere, esta muerte simbólica indica una transformación próxima en la pareja o, en todo caso, la necesidad de una transformación de las relaciones entre el soñador y su pareja (o más exactamente una transformación de nosotros mismos, ya que somos nosotros los que vivimos mal dentro de la pareja).

¿Animal o bebé?

En los sueños, el bebé se transforma algunas veces en un gato o un perro pequeño. En este caso se debe entender que la persona que sueña está animada por un deseo muy instintivo: su instinto le pide vivir, dejar de estar ahogada (a veces por una educación muy estricta). Me han contado sueños de este tipo mujeres que sentían un fuerte deseo de tener un hijo, pero también hombres, sobre todo si durante su niñez habían sufrido una autoridad materna muy fuerte.

Otras veces sucede que el bebé se convierte en serpiente. Entonces, estos sueños se entienden a través del simbolismo sexual de este animal: la pareja tiene dificultades reales en la sexualidad; es posible que uno de los dos esté experimentando una tentación de infidelidad.

7. Los transportes

En este apartado trataremos solamente el coche y el tren. Por lo que respecta a los otros medios de transporte, me remito al Dictionnaire des rêves.

El coche

Aunque no son premonitorios, los sueños de accidentes de automóvil son señales de alarma referidas a la «conducción» de la vida. El coche simboliza cómo llevamos nuestra vida o cómo nos comportamos. Todas las dificultades que tengamos con el coche nos revelarán nuestros comportamientos. Estos sueños, a pesar de ser desagradables y angustiosos, son muy valiosos para nuestra evolución.

Los accidentes. Analicemos cómo se produce el accidente en el sueño y entenderemos mejor nuestro comportamiento en la vida:

— ¿chocamos con el vehículo que nos precede? Significa que tendemos a actuar sin reflexionar. Un elemento de nuestro pasado, identificado o no, rige nuestro comportamiento. Lo mismo ocurre cuando al poner en marcha el coche, queremos arrancar hacia delante y el vehículo se mueve hacia atrás;

— ¿están desinflados los neumáticos? Sin duda, esto se debe a que los esfuerzos que realizamos nos dejan «sin aire»;

— ¿perdemos las llaves? Indica que no sabemos cómo solucionar una situación y hemos perdido el contacto con nuestra energía;

— ¿los frenos no responden? Probablemente llevamos una vida desenfrenada, mal adaptada a nuestras necesidades profundas, o simplemente demasiado estresante:

— ¿conducimos nosotros o lo hace otra persona? Este detalle nos permite saber si dominamos la situación o si nos dejamos llevar por otra persona.

¿Dependencia o autonomía? En su estudio L'Ombre dans les rêves, Dominique Charrière explica que los «desórdenes que surgen en relación con la conducción del automóvil (avería,

frenazo, choque, accidente, etc.) destacan las carencias del equilibrio psíquico o el aspecto ilusorio de la autonomía que, en ciertos terrenos, no se ha adquirido realmente: estos elementos, según como estén asumidos, complican o comprometen el futuro. Generan desórdenes estructurales o pasajeros: fatiga, irritabilidad, inconsecuencia…».[10] En el sueño, el coche, al reflejar la forma de conducir la vida, es un magnífico indicador del grado de autonomía o de dependencia, de la aptitud para afirmarse, dirigir los asuntos y asumir responsabilidades (en el trabajo, en la pareja, en la familia).

Nuestra dependencia se ve aún más claramente si en el sueño no estamos sentados en el asiento del conductor, sino detrás, como si fuéramos un niño pequeño en el coche de sus padres. O si nos dejamos impresionar por las dificultades y los obstáculos, simbolizados casi siempre por un camión (un tráiler), que dificulta la circulación o corta la carretera.

El tren

Como todos los vehículos, el tren ilustra cómo se conduce la vida. Es en sí mismo una imagen de la vida con sus etapas, sus diversos horizontes, sus contratiempos, sus encuentros, etc. Simboliza nuestra vida o, más concretamente, lo que ocurre en ella en la actualidad. Se nos ofrece una ocasión de tomar otra salida nueva y diferente. Se nos invita a un cambio, en ocasiones radical, otras veces mínimo, que puede ser de orden profesional, familiar o personal.

¿Viajamos en tren? Las expresiones del lenguaje popular pueden ayudarnos a construir las asociaciones de ideas necesarias para la interpretación de los sueños. El «tren de vida» es el

---

10. Charrière, D.: L'Ombre dans les rêves, Albin Michel, 1994, número especial de la revista Question de.

ritmo al que se vive y hace referencia también al nivel de gastos que se asume. «Vivir a todo tren» significa vivir la vida a fondo, sin reparar en gastos, y también hacerlo rápidamente. En cambio, «perder el último tren» indica perder la esperanza o la última oportunidad.

El equipaje. Preguntémonos cuáles son los «bultos» que nos dificultan la vida: defectos, comportamientos que perjudican nuestra evolución, prejuicios, rutinas, etc. El equipaje simboliza todo lo que transportamos (lo que arrastramos): recuerdos desagradables, experiencias dolorosas, infancia difícil o conflictos familiares.

La buena vía. El sueño del tren nos muestra si vamos o no por el buen camino. Si no conseguimos encontrar el andén, es muy probable que hayamos elegido en nuestra vida una dirección que no nos conviene. Por tanto, ha llegado el momento de reorientar nuestra vida. Si estamos esperando el tren, es que aguardamos una ocasión para tomar la buena vía. Pero no esperemos indefinidamente: en algún momento hay que decidirse y pasar a la acción. A veces, los sueños con trenes indican un problema en la pareja: cuando cada uno va por una vía diferente, se corre el peligro de no hacer juntos el recorrido.

El tren abarrotado de viajeros. En algunas ocasiones, una de las razones que impiden subirse al tren es que va totalmente lleno. Este tipo de sueño nos indica que nos sentimos mal en la vida social. En efecto, el tren es un medio de transporte colectivo (y no individual, como el automóvil). Tenemos dificultades para encontrar un lugar, y de alguna manera nos sentimos de más.

El tren en marcha. Afortunadamente, también se da el caso en que el sueño nos permite subirnos al tren. Es una buena señal: estamos en un periodo de evolución y nuestra vida progresa. Todos nuestros proyectos, ideas y deseos están en marcha y no se estancarán. Es un buen periodo para concretar proyectos y realizarlos.

Por el contrario, si nos bajamos de un tren en marcha, significa que nos falta confianza en nosotros mismos y pensamos que somos incapaces de llevar a buen puerto lo que hagamos. ¿Reaparece este sentimiento de inferioridad cada vez que tenemos que tomar una decisión?

La estación. Si nuestro sueño insiste en la imagen de la estación, es que este lugar representa una protección. En efecto, nos «estacionamos» para ponernos a resguardo. Este sueño se puede entender positivamente: estamos protegidos y ninguna desgracia podrá alcanzarnos. O también negativamente: la presencia de la estación significa que sentimos temor, que nos da miedo el exterior y buscamos refugio en nuestros hábitos para evitar los cambios.

El revisor. El revisor representa en el sueño una autoridad que nos vigila y que percibimos como inhibidora. Tememos ser juzgados injustamente o tenemos la sensación de ser sorprendidos en falta. Se trata en ambos casos de comportamientos psicológicos de los que es preferible tomar consciencia.

La clase en la que viajamos es un detalle que nos dará una indicación suplementaria. Si viajamos en primera con un billete de segunda, tenemos miedo de no estar a la altura (un signo más del sentimiento de inferioridad).

8. El vuelo y la caída

El hombre siempre ha tenido el deseo de volar. En la antigüedad, este deseo tiene su expresión en el mito de Dédalo e Ícaro. Dédalo era un arquitecto genial. El rey de Creta, Minos, lo encerró en un laberinto cuyos planos había trazado él mismo, de modo que sólo tenía una escapatoria: salir por el aire. Entonces construyó para él y su hijo, Ícaro, unas alas con plumas pegadas con cera. Recomendó al joven que no se acercara al Sol y que mantuviera una altura razonable. Sin embargo, Ícaro, embriagado por la sensación de volar, desoyó los consejos de su padre y voló hacia el Sol. La cera se fundió y ocurrió lo que todos conocemos: la caída de Ícaro fue mortal, mientras que Dédalo llegó hasta Sicilia.

Esta historia, como todos los mitos, quiere enseñarnos varias cosas sobre la vida: que el deseo de libertad es innato en el hombre, que nada detiene al que lucha por la libertad, que los excesos son peligrosos, que los consejos a veces son buenos... y muchas más cosas, ya que el significado de los mitos es inagotable. Cada uno encontrará un tema para meditar. En el sueño, volar puede tener diferentes significados.

Un deseo de liberación. Durante la vigilia, sufrimos una situación penosa. Por la noche, escapamos de ella y, por fin, nos sentimos liberados.

Un comportamiento de huida. Para evitar las situaciones que nos molestan, los conflictos y las tensiones, huimos. Esta negativa a afrontar los problemas no refleja un comportamiento positivo (aunque hay que reconocer que algunas situaciones son difíciles de llevar).

Una tendencia a ver las cosas desde arriba. Constituye una invitación a tomar un cierto distanciamiento y considerar la situación con más perspectiva.

Un deseo de elevación espiritual. Carl Gustav Jung consideraba los sueños de vuelo como una aspiración a la trascendencia. El magnífico libro Juan Salvador Gaviota ilustra esta interpretación.[11] La gaviota intenta alcanzar la perfección para llegar lo más cerca posible de Dios.

Un defecto. El vuelo en el sueño también puede reflejar nuestros defectos. «Las personas poco realistas o que tienen una opinión excesivamente buena sobre sí mismas, o las que realizan proyectos grandiosos sin relación con sus capacidades reales, sueñan que vuelan y caen.»[12]

Por otro lado, soñar que se vuela indica a veces el desprecio por los demás: nos creemos superiores y por encima del resto de la gente.

Una ambición. Queremos elevarnos socialmente, escalar hasta lo más alto de la jerarquía. No hay nada malo en ello,siempre y cuando los medios que se utilicen no aplasten a nadie.

La imposibilidad de alzar el vuelo. A veces se tienen ganas de alzar el vuelo, pero resulta imposible hacerlo: las piernas no obedecen. Y cuanto más agradable es la sensación de volar, más doloroso es no poder hacerlo. En primer lugar, conviene saber que este sueño no parece tener relación con problemas de salud en las piernas (no debe descartarse a priori esta explicación, pero faltan estudios sobre los vínculos entre los sueños y el estado de salud). Más bien, indica que el soñador se siente atrapado en una situación de la que no sabe cómo salir. Desea con todas sus fuerzas salir de ella y no escatima esfuerzos, pero la situación sigue estando bloqueada.

---

11. Bach, R.: Juan Salvador Gaviota, Ediciones B, 2004.
12. Jung, C. G.: El hombre y sus símbolos, Aguilar, 1969.

Por lo que respecta al vuelo rasante, significa exactamente lo que sugiere la imagen: el soñador está pegado a lo terrenal y es incapaz de ganar altura.

La caída

Esta desagradable sensación comporta siempre el despertar de la persona que está soñando. No se llega a producir el impacto, pero... ¡qué miedo! Los sueños de caída vertiginosa son muy frecuentes, y pueden tener dos orígenes, uno fisiológico y otro psicológico.

Los que se producen justo antes de dormirse. Se producen simplemente debido a la fisiología: en el momento de dormirse, los músculos se relajan, la tensión disminuye, la respiración y el ritmo cardiaco se hacen más lentos. Freud rechazaba esta explicación, pero muchos estudiosos admiten que estas modificaciones en los ritmos corporales pueden generar la sensación de «caer» dormido. Las personas que sufren estados depresivos suelen tener más frecuentemente este tipo de sueños. Algunos sueños están ligados a la angustia nocturna, la que sienten los niños en el momento de acostarse y, a veces, las personas ancianas que viven solas. Hay quien cree que estos sueños están causados por trastornos del oído interno, los cuales podrían explicar el carácter recurrente de los sueños en los que se produce la caída.

Los que simbolizan sentimientos o distintos comportamientos. Los sueños de caídas se pueden interpretar también desde el punto de vista de la psicología. Entonces pueden estar relacionados con:

— la inseguridad. Los sueños de caídas pueden producirse cuando el soñador se siente inmerso en la inseguridad. En los niños, tal como afirma la especialista Patricia Garfield,[13] cualquier cambio en la familia, la casa o el colegio hace vacilar el sentimiento de seguridad. Los adultos también tienen razones para sentirse vulnerables: el miedo a fracasar profesionalmente o a sufrir una decepción. ¿Acaso no se dice «cuanto más alto, más dura será la caída», cuando las expectativas han sido excesivamente altas? Algunas experiencias pueden ser muy similares a la sensación de caída en el vacío o en un pozo;

— una debilidad. Se puede «caer bajo», cometer actos de los que luego nos avergonzamos: es la idea de la caída moral, de la falta, del pecado. Nadie es tan puro, tan honesto, tan perfecto como parece, ya que nadie se libra de la tentación de obrar mal. A veces se tiene una opinión demasiado buena de uno mismo. Entonces, el sueño sirve para progresar en la vía de la evolución personal y nos ayuda a ser conscientes de ciertos comportamientos.

9. La comida

En nuestros sueños, ¿nos morimos de hambre o de sed? ¿Nos zampamos toneladas de pasteles? ¿Estamos invitados a un banquete? En definitiva, ¿todo lo relacionado con la mesa, la comida o los alimentos forma parte de nuestras imágenes nocturnas? Por regla general, el sufrimiento de ser poco querido, el malestar de no ser comprendido o la amargura de ser rechazado son lo que desencadena esta transferencia hacia la comida. Es evidente que la interpretación de este tipo de sueños debe realizarse en función de lo que se come. Soñar que se degusta una fruta jugosa no tiene el mismo significado que soñar que se devora un pedazo de carne sanguinolenta. Los frutos sabrosos y azucarados simbolizan un estado de

13. Psicóloga clínica conocida mundialmente por sus trabajos sobre los sueños.

satisfacción: los paraísos (por ejemplo, el jardín de las Hespérides en la antigua Grecia) están llenos de frutos excelentes que el hombre sano y feliz puede por fin degustar. Por el contrario, la comida deteriorada, repulsiva, o los sueños donde se vomita indican un rechazo, una necesidad de eliminar algo que nos pesa.

El hambre

«Tener hambre» de algo indica la necesidad de satisfacer una aspiración fundamental o un deseo ardiente con avidez. Ahora bien, ¿cuál es el deseo más profundo que tenemos todos? Evidentemente, ser queridos. Todos tenemos necesidad de afecto, tanto de darlo como de recibirlo, porque todos sabemos que ahí se encuentra el secreto de la felicidad. Por ello, los sueños en los que la persona siente hambre o sed traducen una falta o una sensación de falta de amor. El sufrimiento del desamor puede provenir tanto de una situación actual como de una que se remonta a la infancia.

La sed

Generalmente, se siente sed de agua, fuente de vida. Todo el mundo sabe que se puede estar sin comer alimentos sólidos durante semanas, pero nadie puede estar sin beber varios días. El agua es un elemento vital para nuestra constitución física. Pero, en los sueños, la sed indica que la persona aspira a integrar, a ingerir un elemento vital para su vida interior, como es, casi siempre, el amor.

Saltarse la comida

Uno de los aspectos simbólicos de la comida es la convivencia. La comida en común, el banquete, es un tema que encontramos en muchas tradiciones espirituales, tanto en la antigua Grecia (El banquete es el título de una conocida obra de Platón) como en los cultos egipcios o cristianos (la Santa Cena es la comida en la que Jesucristo instaura el reparto del pan y el vino como rito esencial de la religión). La idea es siempre la misma: los iniciados, los fieles, los invitados forman una gran familia y pueden hermanarse, ser compañeros porque «comulgan» los mismos alimentos.

Aquel que se siente excluido de esta comida común sufre la sensación de ser dejado de lado. Comer conjuntamente es crear vínculos. Recordemos que la palabra compañero deriva de cum panis, «aquel con el que se comparte el pan». En los sueños, el sufrimiento por no participar en la convivencia, la tristeza de no tener compañero y el sentimiento doloroso de quedar apartado se ilustran con imágenes de no participar en la comida. No debe extrañarnos que las dificultades laborales y el hecho de estar en el paro puedan provocar este tipo de imágenes nocturnas.

¿Cómo comemos?

En el sueño, la comida puede «entrar» bien, al ser engullida fácilmente, o, por el contrario, puede atragantársenos y quedarse en la garganta. En el primer caso, significa que asimilamos sin problemas una novedad en nuestra existencia, que aceptamos la vida que llevamos, que estamos equilibrados y que la vida social nos resulta satisfactoria. En el segundo caso, el sueño nos indica que hay algo que se nos atraviesa. Puede tratarse de rencor, tristeza o incapacidad de recuperarse de un «mal trago» afectivo. Soñar que se vomita, por ejemplo, indica una necesidad muy fuerte de expulsar un elemento de nuestra vida (que puede ser psicológico) que no podemos asimilar, al menos por el momento. O también puede indicar que nos rebelamos interiormente contra una moral muy rígida, una educación muy severa u otras constricciones que no nos permiten alcanzar la plenitud.

10. El dinero

Los sueños relacionados con el dinero, las monedas, los billetes, las joyas o el oro simbolizan casi siempre nuestra riqueza interior: somos más ricos de lo que creemos, quizá no en la cuenta bancaria, pero sí en cuanto a nuestras posibilidades. Nuestro mayor tesoro es sin duda poder amar. Si el sueño insiste en imágenes de oro o plata, es decir, de riqueza interior, es que quizá tenemos tendencia a desvalorizarnos. Cuando en la infancia se nos ha despreciado, cuando se ha cosechado fracaso tras fracaso, surge el sentimiento de inutilidad y se duda de uno mismo. La aparición en el sueño de tesoros, monedas de oro, billetes de banco o joyas invita a tomar conciencia de la riqueza personal propia y a recuperar la confianza en uno mismo. En este sentido, el sueño es muy positivo y reconfortante.

Los sueños de este tipo aluden a nuestro valor personal, a la capacidad de aprovechar el talento, a todo el potencial que llevamos dentro pero que quizá dejamos que duerma.

¿Qué hacemos con el dinero?

A veces se sueña que se encuentra dinero, lingotes o fajos de billetes, pero observemos qué se hace con este dinero. Algunos lo esconden o lo entierran, otros se lo gastan todo, y a otros les da miedo ser sorprendidos con esta fortuna. Todas estas conductas indican nuestro comportamiento ante la propia riqueza interior. Seguramente tenemos talento, pero lo ignoramos, lo escondemos o no lo utilizamos. Son sueños típicos de personas acomplejadas, que dudan de su valor.

El exceso perjudica

En la «clave de los sueños» tradicional, obra de Artemidoro de Éfeso, o de Daldis, en el siglo II d. de C., encontrar una gran cantidad de dinero no es una buena señal, porque este sabio sostenía que el exceso conduce al desequilibrio, del mismo modo que la carencia conduce al sufrimiento.[14] Conviene, pues, acertar en el punto justo entre demasiado dinero y demasiado poco. Y no sólo en el tema del dinero, sino en todo lo demás.

El dinero también simboliza, con connotaciones negativas, la avaricia, la tentación, la avidez, la codicia, con todo el cortejo de infortunios que conllevan estos defectos. ¿Y si la sabiduría consistiera en contentarse con lo que se tiene, a partir del punto en que el mínimo para vivir esté asegurado?

Las joyas

Como ya hemos dicho, cuando las joyas aparecen en un sueño hacen referencia a la riqueza interior. Pero para interpretar correctamente este sueño, se deben tener en cuenta detalles tales como de qué joya se trata, si es un collar, un brazalete o un anillo.

El collar. No siempre es signo de riqueza. En todos los cultos es el atributo de los iniciados, de los sacerdotes, de los poderosos, de los que detentan el poder o el conocimiento; pero antaño era signo de esclavitud, de pertenencia a un dueño. Sirve para mantener a quien lo lleva en una posición de sumisión. Así, un sueño en el que un collar es la imagen dominante puede significar que el soñador es generalmente pasivo, sumiso, dependiente, incluso esclavo de alguien.

Deseo de seducción. Los sueños relacionados con joyas también pueden indicar una tendencia a querer seducir a cualquier precio. Quien dice seducción dice erotismo... y algunos intérpretes de sueños no dudan en recordar que

14. Artemidoro de Daldis: La interpretación de los sueños, Gredos, 2002.

expresiones como «las joyas de la corona» referidas a los atributos sexuales nos inducen a pensar en un deseo sexual insatisfecho. Personalmente, creo que la necesidad de seducir revela una falta de confianza en uno mismo. Los sueños de este tipo que he tenido ocasión de interpretar traducían muchas veces esta carencia que puede convertirse en vanidad, como resultado del deseo de parecer más de lo que se es.

El anillo. En los sueños el anillo es el símbolo de un vínculo con otra persona, de la obligación adquirida con alguien. Normalmente se trata de una relación amorosa (el caso más ilustrativo es el anillo de compromiso). Cuando en el sueño se pierde una parte del anillo o este aparece en mal estado, es que la relación de pareja se está deteriorando. Un sueño de este tipo puede anunciar una ruptura o problemas graves.

Si la joya del sueño es una alianza, debemos reflexionar sobre la fragilidad de los lazos afectivos, especialmente los conyugales, pero también los familiares.

El oro

El oro simboliza nuestra realización interior, nuestro sí-mismo, esta «flor de oro», es decir, la parte más profunda y verdadera de nosotros mismos. ¡Pero qué difícil es conquistar este tesoro! En los siglos XIV y XV, la alquimia era la ciencia de la búsqueda del oro. Sin embargo, los alquimistas sabían que no se trataba solamente de transformar un metal vil (el plomo) en un metal real (el oro). También se trataba de adquirir la sabiduría y, a través de las sucesivas purificaciones del sí-mismo, metamorfosear los «componentes» de nuestra personalidad y nuestra vida.

La avaricia

En algunos sueños aparecen imágenes de oro (una gallina de los huevos de oro, por ejemplo) para subrayar la tendencia de la persona a la dimensión del tener en lugar de la del ser. La avaricia no es un invento actual, y ya se ilustraba en la cultura griega con el mito del rey Midas, que, sin pensar demasiado, pidió a Dioniso poder transformar en oro todo lo que tocara. Evidentemente, los alimentos que tocaba se convertían en oro y el pobre rey, hambriento y sediento, acabó suplicando al dios que le librara de su don. Entonces Dioniso le ordenó que se bañara en las aguas del río Pactol. Desde entonces se dice que en aquel río hay oro. El mito nos enseña que no debemos confundirnos en lo esencial. ¡Nuestro tesoro está en nuestro corazón!

Los diez temas dominantes en los sueños

A continuación identificaremos los temas que se ocultan detrás de las imágenes, que son reveladores de los sentimientos y de los comportamientos del soñador.

1. Valorización y desvalorización

El tema de la valorización o la desvalorización aparece con frecuencia. En el segundo caso, los sueños evidencian la necesidad de la persona de ser valorada y reconocida por los demás. Se siente juzgada injustamente y tiene la sensación de que sus habilidades no se valoran. El ser humano es un «animal social», que existe por la mirada de los demás. Es importante que otras personas destaquen sus capacidades y las consideren en su justa medida. Si no se da el caso, se siente acomplejado.

Los sueños de valoración se dan en personas a las que sus padres han menospreciado durante su infancia («¡Eres un desastre! ¡Nunca harás nada bueno!») o que, una vez adultas, han tenido problemas sociales o profesionales.

Para compensar esta falta de reconocimiento, el sueño produce situaciones en las que la persona que sueña resulta especialmente admirada, felicitada y valorada (como actriz, cantante, músico, etc.), o bien se relaciona con famosos que la tratan exquisitamente (por ejemplo, un actor conocido la invita a cenar).

Por el contrario, a veces el sueño muestra situaciones en las que el protagonista aparece manifiestamente desvalorizado: no halla su lugar en la mesa, no tiene silla, se encuentra en un estado inadecuado (lleva botas en una gala o un jersey agujereado en una velada de ópera).

Ejemplos

> *El tenor*
> *«Acabo de desempeñar brillantemente el papel principal de una ópera. Los espectadores expresan su entusiasmo aplaudiéndome a rabiar y salgo a saludar varias veces. Llevo un magnífico traje antiguo porque mi papel era el de un joven príncipe heredero del reino.»*

Este sueño muestra perfectamente que el protagonista tiene una fuerte necesidad de salir a escena y de ser objeto de las miradas admirativas de los demás: es brillante, noble, magnífico... El sueño, por un mecanismo de compensación, le da el mensaje de reflexionar acerca del sentimiento de inferioridad que siente, de desarrollar más sus capacidades y su talento.

> *El jefe de Estado*
> *«Tengo que servir una comida a un hombre y me doy cuenta de que se trata del rey. Me pide el libro* Lo que el viento se llevó. *Yo no lo encuentro, ni siquiera en el desván, porque está en la mesita de noche.»*

La mujer que soñó esto estuvo sometida a una fuerte autoridad, probablemente paterna (aunque también podría ser materna), que le impidió vivir una gran historia de amor (como ocurre en la novela mencionada). El detalle de la mesita de noche, que, convencionalmente, está al lado de la cama, muestra que este amor no pudo concretarse en una pasión carnal o sexual. Este fracaso contribuyó a su sentimiento de «carecer de valor».

> *Ser invitado a un banquete*
> *«Sueño que me encuentro en un comedor. Toda la familia está reunida y se sirve la comida. Pero yo no tengo tiempo de sentarme y la comida termina antes de que haya podido comer o beber.»*

El decorado del comedor indica que esta persona está incómoda con su familia. No encuentra de qué modo «alimentar» su vida personal. La vida familiar y las actividades diarias no bastan para saciar su hambre intelectual, espiritual o artística.

> *El albornoz*
> *«Estoy en la calle con mi mujer. Todo el mundo viste con pantalón y americana, pero yo llevo un albornoz. Tenemos que ir a comprar el pan. Mi mujer va a una pescadería y, ante la mirada atónita de los clientes, la pescadera saca varios panecillos.»*

En este sueño, no solamente la ropa no es adecuada, sino que la tienda tampoco lo es. El protagonista del sueño siente un hambre interior, todo parece indicar que se trata de una insatisfacción sexual (los panecillos se pueden interpretar en el sueño como una alusión a los senos).[1] El albornoz, que sólo se lleva en la intimidad y sirve para ocultar la desnudez, refuerza esta idea.

La imagen dominante de este sueño, el vestido inadecuado, muestra el conflicto que causa la diferencia existente entre la

1. Tchalaï: Le Sexe des rêves, Éd. du Prieuré, 1997.

persona profunda que constituye su verdadero ser y el personaje que está obligado (o se cree obligado) a mostrar ante los demás.

2. La energía vital (la libido)

Muchos sueños ilustran el estado de la energía vital y de la libido. La libido no está limitada a la energía sexual, como se cree a menudo, sino que es la energía vital que circula en nosotros. Esta energía es el motor que nos mantiene con vida, que nos da ganas de vivir y de levantarnos por las mañanas.

Todos los sueños en los que esta circulación está imposibilitada muestran que la energía vital no es excelente.

La imagen principal de la energía vital es la serpiente. La kundalini, la energía vital según los hindúes, está simbolizada por una serpiente que se yergue.

En algunas ocasiones, en los sueños se ve que la energía vital está debilitada, especialmente en los que se observa pérdida de pelo, de los dientes o de sangre. Las imágenes de fuego, que simbolizan la pasión, también pueden tener relación con la energía vital. Cuando la libido sufre, aparecen imágenes de un hospital, de enfermedades, etc.

Ejemplos

> *La pérdida de los dientes*
> *«Se me caen los dientes: abro la boca, me toco un diente y se me queda en la mano.»*

El sueño muestra fragilidad, y debe interpretarse como un aviso: la mujer que ha soñado esto está sometida, sin duda, a una gran inquietud, que genera una falta de fuerzas vitales. Necesita recuperarse físicamente (restableciendo su energía) y moralmente (cultivando pensamientos más positivos).

El caballo blanco
«Me encontraba en una propiedad que estaba cubierta de nieve. Una mujer se dirigía hacia mí, con un soberbio caballo blanco a su lado. De pronto, una vara puntiaguda se clavó en el pecho del caballo, y empezó a brotarle sangre de un color rojo muy vivo.»

La mujer del sueño es una imagen simbólica de sí misma, sabia y serena. Pero, al mismo tiempo, padece una gran soledad afectiva, evocada aquí por la imagen de la nieve. El caballo simboliza su fuerza vital elemental, así como su instinto maternal, que en la vida real fueron fuertemente heridos, muy poco tiempo antes. Un dolor punzante, como si se tratara de una flecha, se clavó en su corazón cuando su hijo se fue de este mundo. Pero se presiente, por la imagen del bonito caballo que sigue con vida a pesar de su herida, que esta mujer está en la vía de una evolución espiritual.

La concha
«En las rocas de la playa, veo un hombre aplastando mejillones con un martillo. Le grito: "¿Por qué hace usted esto?". Él no me responde. El resultado es que no queda ni un solo mejillón para comer, y sólo se acercan las gaviotas.»

El mejillón es la concha, que evoca el sexo femenino. La imagen está claramente relacionada con la sexualidad de la soñadora, y más particularmente con una brutal y traumática experiencia sexual anterior, la cual le arruinó la energía vital durante mucho tiempo. También se aprecia su incapacidad para comunicar todo lo relacionado con este sufrimiento.

3. Creatividad y riqueza interior

A veces somos mucho más ricos en capacidades, talento, reservas, fuerza y creatividad de lo que creemos. La mayor parte de las veces, los sueños nos indican que debemos desarrollar más nuestra personalidad profunda y nuestra riqueza interior.

Para incitarnos a evolucionar, en los sueños aparecen imágenes que simbolizan tales riquezas: dinero (en billetes o monedas), joyas, un tesoro, un banco, etc. Otras imágenes nos invitan a desarrollar las capacidades creativas: la mano (que sirve para crear), o también las abejas (insectos trabajadores y creativos que fabrican ese néctar tan sublime que es la miel).

Este tipo de sueño es muy positivo porque nos incita a ser conscientes de nuestras capacidades y talento, y nos ayuda a desarrollar la personalidad.

Ejemplos

> *Las abejas*
> *«Estoy rodeado de abejas, que me cubren sobre todo la cabeza y las manos. Pero extrañamente no tengo miedo, porque parecen tranquilas y buenas.»*

La particularidad de las abejas es su organización, su capacidad de trabajo y esfuerzo y su disciplina. Cuando aparecen en sueños, suelen anunciar un periodo muy creativo. En este caso, las imágenes secundarias indican en qué ámbito se tienen que movilizar las capacidades y desarrollar las cualidades: el sueño anima al soñador a trabajar con la cabeza y las manos, es decir, con la parte racional de su personalidad y con la manera en que entra en contacto con los demás.

La mano seccionada
«Estoy en la cama leyendo un periódico cuando me doy cuenta de que tengo la mano izquierda cortada. Pero esto en realidad no me molesta y prosigo la lectura.»

El escenario del sueño, la cama, nos indica que las capacidades que el protagonista del sueño tiene que desarrollar pertenecen al ámbito conyugal o sexual. La mano seccionada es la izquierda. Simbólicamente, la izquierda engloba la esfera de los sentimientos y de las emociones.[2] Viendo que la actividad practicada es de tipo intelectual (la lectura) y parece tan importante que nada puede interrumpirla, podemos pensar que la persona tiene dificultades para expresar sus emociones. El sueño advierte de que no debe utilizar solamente sus capacidades intelectuales, sino que también ha de hacer uso del lado afectivo de su personalidad.

Las joyas
«Excavando un túnel subterráneo, encuentro un paso que me lleva a una joyería, y elijo tal cantidad de joyas que tengo que ponerme varios anillos en cada dedo. También hay pendientes de oro, collares de pedrería. Nunca he llevado tantas joyas... y el vendedor me dice que me sientan muy bien.»

La mujer que sueña esto no tiene dificultades con su apariencia física o sus relaciones con los demás, sino con su capacidad de expresar su creatividad. Si se tomara la molestia

2. En efecto, el lado izquierdo del cuerpo depende del hemisferio derecho del cerebro, que es el encargado de la expresión artística y de la intuición (véase Cerveau droit, cerveau gauche del profesor Lucien Israel).

de escarbar un poco, es decir, si buscara en sí misma la energía para poder ser creativa (sin esperar a que le caiga del cielo), encontraría un tesoro. Sin embargo, como mujer que es, tiene tendencia a apoyarse en su capacidad de seducción. El sueño le aconseja que no se contente solamente con este aspecto un poco superficial y excave en el fondo de sí misma (imagen del túnel subterráneo) para encontrar su propia riqueza interior.

4. Sumisión y falta de libertad

Todos los sueños que muestran imágenes de collares, anillos, cinturones (objetos que ponen trabas a la libertad) y de estructuras cerradas (como una piscina, un acuario, una jaula, una cárcel, etc.), además de aquellos sueños en los que el protagonista es incapaz de expresarse porque tiene la lengua bloqueada, una sensación de ahogo o dificultades para engullir, reflejan la sumisión de la persona (a otra persona o a una situación), además de su incapacidad para hablar de ello. El consejo del sueño es expresarse y liberarse. Los sueños de pájaros (símbolo de libertad) marcan el deseo de alzar el vuelo, de ser libre e independiente. No resulta extraño que sean frecuentes en los adolescentes.

Ejemplos

> *El cinturón*
>
> *«Monto en el automóvil. El chofer no me deja conducir y me dice que me abroche el cinturón de seguridad. Estoy disgustada, pero me resigno y me siento.»*

El coche evoca la conducción de la vida, y este sueño muestra que la protagonista no dispone de mucha libertad. El cinturón refleja la sensación de estar apresada. Es una mujer sumisa, pero está empezando a sufrir con esta situación. Aspira a convertirse en ella misma.

> *El remolque*
> *«Estoy al volante de un gran camión, que arrastra un remolque. Atravieso un precipicio pasando por un puente construido con tablones de contrachapado.»*

Como todos los sueños relacionados con vehículos, este evoca cómo lleva su vida el protagonista del sueño: muy «a remolque» de otros. Se puede pensar que está acostumbrado a ser dirigido, por su padre, su madre, su esposa, y hoy está desorientado por ser él quien tiene que coger las riendas. Es consciente de la fragilidad de la situación (el precipicio, el frágil puente).

> *Tragar cristal*
> *«Mi hermana me llevaba al hospital porque había tragado cristal blanco. Yo no quería ir porque no notaba ningún sufrimiento. Pero ella me obligaba a ir. Finalmente, pienso que debe tener razón, ya que esto me podría dañar el cerebro. Entonces el médico extrae de mi cuerpo enormes trozos de cristal.»*

En este sueño, la hermana tiene un papel autoritario. Es posible que simbolice la autoridad de la familia en general. También puede representar un aspecto de la mujer que sueña del que todavía no ha tomado consciencia (su incapacidad para tomar decisiones firmes, por ejemplo).

Es interesante observar que teme por su cerebro (lo cual no es realista porque el cristal roto más bien dañaría su estómago). Teme, por tanto, que se dañen sus capacidades intelectuales. Se pregunta por su capacidad o por si su inteligencia es suficiente. Está sometida a una duda sobre sí misma, que le provoca por fuerza un sufrimiento. Pero es incapaz de expresarlo y de hablar de su problema, lo que está simbolizado por el hecho de tener la garganta obturada por trozos de cristal.

> *La lengua*
> *«Tengo en la lengua un moco muy espeso y lo intento quitar con la mano. Tiro de la mucosidad, pero no logro despegarla.»*

La mucosidad destaca hasta qué punto la situación que vive la persona es pegajosa. Empieza a ahogarla, porque la garganta está invadida. Lo positivo es que ella intenta retirar la mucosidad, reaccionar ante la situación y cambiarla.

5. La soledad

Ciertas imágenes evocan manifiestamente una falta de calor afectivo o de contacto, y el sufrimiento debido a la soledad. Son imágenes relacionadas con el frío, el hielo o el fuego apagado (la chimenea, las cenizas).

Los sueños de hambre y de sed muestran la necesidad de colmar un hambre interior que puede ser espiritual, intelectual o afectiva. Indican una falta de contacto, de calor humano, e incluso de relación sexual.

Ejemplos

> *El radiador apagado*
> *«Estoy en una habitación de hotel, pero extrañamente no hay cama. Tengo frío e intento poner en marcha el radiador, pero no hay electricidad.»*

La habitación de hotel indica que la mujer que sueña atraviesa un periodo (porque en un hotel se está de forma pasajera) de soledad, especialmente, en el terreno sexual (porque no hay cama). Esta soledad está simbolizada por el frío y el radiador apagado. El aspecto positivo del sueño es que esta mujer no permanece inactiva, sino al contrario: intenta ponerse en marcha, conectarse a una fuente de energía. De momento, todavía no ha encontrado lo que alimentará correctamente su energía vital.

La espera
«Estoy en medio de un campo llano, sin construcciones. A lo lejos, aparecen personas solas, a pie o en bicicleta. Yo espero junto a unas ruinas, pero los personajes cambian de dirección. Estoy decepcionado por no poder unirme a ellos ni hablarles.»

El decorado del sueño y los personajes son un poco tristes. El protagonista se siente solo a causa de las dificultades que tiene para comunicarse con los demás. La acumulación de fracasos en su vida le produce un sentimiento de «ruina» afectiva. Sin embargo, este sueño, al mostrarle lo que siente, lo está invitando a regenerarse y encontrar otros comportamientos para establecer un diálogo con otras personas.

La sed
«En todos mis sueños, el paisaje es idéntico: un desierto absoluto, sin vegetación. Empiezo caminando y luego, poco a poco, me arrastro por el suelo porque estoy completamente deshidratado.»

Este sueño invita a plantearse la siguiente pregunta: «¿De qué tengo una sed intensa en mi vida? ¿De relaciones sociales?

¿De una relación sentimental? ¿De estima? ¿De que se acabe un conflicto?». Se tienen que revisar todos los ámbitos de la vida afectiva para determinar cuál genera esta sed, es decir, este gran objetivo. Las primeras imágenes del sueño (el desierto, la falta de vegetación) indican que la vida de esta persona y quizá también su corazón están secos.

6. Vigilancia y culpabilidad

Uno de nuestros comportamientos más frecuentes es la culpabilidad. Hay personas que se sienten culpables de todo. Otras, en cambio, nunca se consideran responsables de nada. Sin duda, el equilibrio se sitúa entre estos dos extremos, ya que el sueño hace que intervenga la culpabilidad para invitarnos a analizar la responsabilidad que tenemos en nuestra relación con los demás. Quienes se creen culpables también se sienten vigilados.

Todas las figuras de autoridad, como la policía, el juez, el profesor, etc., y también las imágenes del ojo o la mirada aparecen en los sueños que traducen este sentimiento de estar vigilado o sentirse culpable, sin que se sepa de qué. La mirada de los demás pesa en nuestros comportamientos y decisiones. ¿Cuántas veces decidimos hacer una cosa y no otra para no disgustar a los padres, la pareja, los amigos o los colegas?

Ejemplos

> *El examen*
>
> *«En todos mis sueños vuelvo a examinarme de la selectividad. Estoy en el instituto. Saco malas notas y temo la llegada del profesor, porque sé que voy a tener que salir a la pizarra y tengo la impresión de no saber nada.»*

El sueño muestra que esta mujer teme la mirada de los demás. Tiene miedo a ser juzgada, examinada, puntuada, lo cual es un signo de una enorme falta de confianza en sí misma, que paraliza sus capacidades.

> *El juez*
> *«Estoy inculpado de no sé qué crimen y me van a juzgar. Cuando el juez pronuncia la sentencia, me cuesta mucho mantener la calma.»*

El sueño informa no solamente del miedo que tiene el protagonista a ser juzgado por otros o por una autoridad superior (un colega del trabajo, por ejemplo), sino que además le da un consejo: debe dejar de sentirse culpable y atreverse a manifestar sus sentimientos y rebelarse.

> *Los policías*
> *«Un comisario de policía y otro agente de paisano me detienen en mi habitación. Me comunican que mi marido ha denunciado mi desaparición.»*

Los policías indican un sentimiento de falta: la mujer que sueña esto se siente culpable. ¿Pero de qué? Podemos pensar que se trata de una infidelidad, porque están los dos elementos: la habitación y el marido. Que este último la haya declarado desaparecida expresa claramente que ella ya no siente amor por su pareja. Su mala conciencia se manifiesta en este sueño.

7. Transformación y evolución

Todas las imágenes que indican una transformación o un cambio son muy positivas, porque reflejan una evolución en la persona. En los sueños de evolución aparecen a menudo animales que cambian de piel o que experimentan metamorfosis, como la serpiente, la oruga, la rana, etc. También aparecen flores que se abren. Este tipo de sueño suele estar dominado por imágenes que tienen relación con el nacimiento y con una nueva vida (por ejemplo, los sueños de embarazos) o, por el contrario, por imágenes de muerte, ya que esta simboliza un cambio y una transformación de la persona que sueña.

Ejemplos

> *El ataúd abierto*
>
> *«Estaba en el cementerio, al lado de la tumba de mis padres. Todos los ataúdes estaban desenterrados, y el de mi madre estaba ligeramente entreabierto. En un sofá yacía el cuerpo de mi abuelo y, junto a él, el de una niña muy mona, bien vestida. Digo que me parece imposible que esté muerta. Ella me responde: "Sí, estoy muerta".»*

La niña representa a la soñadora. Esta mujer se muestra en la vida siempre tan bella y elegante, que nada podría hacer sospechar que en realidad, en lo más profundo de sí misma —como me explicó—, vivió durante su infancia una experiencia dolorosa que la hizo «morir». Se trata probablemente de un problema de relaciones degradantes con uno de los miembros de la familia, tan presente en este sueño.

> *El parto*
>
> *«Desde hace tres o cuatro años, sueño que voy de parto; unas veces tengo una niña, otras un varón, o también gemelos. Y al despertar, me acuerdo de que no puedo tener hijos por mis problemas de esterilidad.»*

Estos sueños pueden traducir la tristeza que la mujer siente por no poder tener hijos. Pero también llevan el mensaje de que puede traer al mundo otra especie de niño, su niño interior, su personalidad profunda. Si se aplica en desarrollar su riqueza interior, iniciará un camino de evolución personal.

> *La mutación*
> *«Presencio la eclosión de grandes insectos. Detrás de mí, unas ranitas verdes saltan en todas las direcciones. En el maletero de mi automóvil, un gran gusano se convierte en serpiente.»*

El sueño contiene un excelente mensaje. La persona que sueña ve animales efectuando la metamorfosis, que simbolizan su propia transformación. Está llamada a ser otra, especialmente si desarrolla su energía vital y sexual (la serpiente).

> *El huevo*
> *«En un bosque soleado, recojo un huevo blanco. De él sale un polluelo. Me dicen que lo tire, pero yo le construyo un nido.»*

Se trata de un sueño prometedor. El bosque soleado en el que la mujer parece estar paseando da a entender que pasa por un periodo de felicidad. El huevo es la promesa de una vida nueva: la mujer pasa a una nueva etapa de la vida. Empieza a sentirse libre: la imagen del polluelo lo confirma, ya que el pájaro es un símbolo de libertad.

8. La limpieza

Muchas imágenes de los sueños invitan al soñador a efectuar una limpieza de sus comportamientos, modificándolos y adaptándolos a una nueva situación. Se deben eliminar los elementos que se han convertido en inútiles para la evolución personal: los conflictos del pasado, los sentimientos marchitados, las historias caducas, etc.

Con el paso de los años, muchos traumas afectivos han podido quedar grabados en la memoria y en el inconsciente: todos los sueños que tienen una relación con la limpieza, el polvo, los aseos, los cuartos de baño, la suciedad o el aspirador indican que es necesario «pasar la escoba» en la vida, liberarse de algo que se ha convertido en residual.

Ejemplos

> *El bebé sucio*
> *«Me dirigo hacia la ducha y llevo en brazos un bebé hermoso que se ha hecho caca encima. Me ensucio con los excrementos e incluso los piso, pero mi buen humor no se ve afectado.»*

El bebé en los sueños es un buen signo. Simboliza nuestra personalidad profunda, el sí-mismo, que empieza a crecer. Este sueño indica a la mujer que antes debe proceder a una limpieza de lo que, según ella, pueda parecer sucio (malos recuerdos, comportamientos reprensibles, sentimientos negativos, etc.). La ducha representa la necesidad de un aseo interior; por lo tanto, de una toma de consciencia. ¡Es el comienzo de una buena evolución!

> *Los lavabos ocupados*
> *«Quiero entrar en los aseos públicos, pero están ocupados por otras mujeres que parecen muy nerviosas.»*

Este grupo de mujeres nerviosas simboliza los distintos aspectos de la propia mujer que tiene el sueño, que, al moverse en todas direcciones, le hacen perder el contacto con su ser profundo. Debe aprender a liberarse (imagen del retrete) de una emotividad excesiva, de una agitación superflua, especialmente en sus relaciones sociales y profesionales (relaciones representadas por los aseos públicos).

> *Quitar el polvo*
> *«Me encuentro junto a la difunta abuela de mi ex marido. Con un cepillo quito el polvo de las sábanas de la cama. En este sueño, estoy embarazada, pero en realidad ya se me ha pasado la edad.»*

Cabe pensar que la mujer todavía no está completamente «limpia» de su divorcio, por lo menos en el inconsciente. Sin embargo, la difunta abuela confirma que esta historia está muerta. El polvo no se halla en cualquier parte, sino en la cama, el lugar de la intimidad conyugal y de la sexualidad. Pero en este sueño también encontramos una imagen muy positiva y llena de promesas: la protagonista está embarazada. Dicho de otro modo, una vida nueva se abre delan-te de ella. Y lo que realmente dará a luz es su verdadera personalidad.

9. El extravío

Muchos sueños expresan un sentimiento de extravío y agotamiento: el protagonista no sabe dónde está, se equivoca de carretera, choca contra varios obstáculos, se siente incomprendido y no encuentra una salida a su situación. A menudo estos sueños surgen después de haber sufrido un cambio fundamental en la vida (divorcio, despido, mudanza, etc.): se tiene la impresión de haber perdido las referencias, de estar aislado, de haber sido apartado y de estar desconectado del mundo exterior. Este tipo de sueños traducen un estado de confusión y de inseguridad. En el sueño se puede estar perdido en un bosque o en medio de la ciudad, en un aparcamiento o en unos grandes almacenes... También se puede haber perdido un objeto valioso y, más frecuentemente, el bolso y las llaves. El bolso, donde se guardan los documentos, está relacionado con la identidad personal. En este último caso, el sueño expresa un sentimiento de confusión pasajero.

Ejemplos

> *La hija extraña*
>
> *«Estoy buscando a mi hija, pero no me dejan entrar en algunas habitaciones. Cuando la veo, me parece extraña, casi anormal. Las demás personas también me parecen raras. Parece como si estuviera entre extraterrestres... Empiezo a ponerme nervioso, quiero ir a otros lugares, pero no encuentro los botones del ascensor ni la salida...»*

El protagonista del sueño siente extrañeza: no sabe en qué punto se encuentra su vida, especialmente en lo que respecta a las relaciones familiares o conyugales (la niña, hija de la pareja, da esta indicación). Él ignora sobre todo cómo salir de una relación en la que se siente extraño...

> *Las llaves perdidas*
>
> *«Al salir del supermercado, encuentro mi automóvil, pero es imposible dar con las llaves. Me quedo bloqueada, sin poder hacer nada.»*

Las llaves sirven para poner el coche en marcha. Esto explica que la protagonista del sueño no tenga la capacidad, al menos por ahora, de entrar en contacto con su energía profunda, y su evolución esté bloqueada. La causa puede buscarse en un momento de depresión, de desánimo, de falta de proyectos y de interés por la vida. Es lo que la última frase parece confirmar: se queda sin hacer nada, no inten-ta ninguna acción para ponerse en marcha (no regresa a pie, no telefonea a su marido, no llama al servicio de asisten-cia en carretera). Esta pasividad destaca su sentimiento de agotamiento.

10. Mentira y verdad sobre uno mismo

«¡Sé tú mismo! ¡No tengas vergüenza de ser auténtico!» Este es un mensaje que llevan los sueños con mucha frecuencia. Intentan decirnos que no nos ocultemos detrás de los personajes o que no juguemos un papel que no corresponde a lo que somos realmente. Nos invitan a conocernos a nosotros mismos y sustituir la fachada por la verdadera personalidad. La toma de consciencia de uno mismo es una condición inevitable para la evolución.

En estos sueños el protagonista aparece a veces con una máscara o desnudo. Se le hace mirar la verdad de cara y sacar la realidad a la luz, hecho que viene expresado por los sueños de ojos, gafas y luz. Por el contrario, negarse a tomar consciencia de la verdad sobre uno mismo está simbolizado por imágenes de sombra (malhechores, ladrones, etc.; véase pág. 62).

En algunas ocasiones, objetos como los libros o los espejos contribuyen igualmente al conocimiento de uno mismo (recordemos el espejo del cuento de Blancanieves, que siempre dice la verdad a la madrastra).

Ejemplos

> *El telescopio*
> *«Estoy en el campo, en la casa de mi infancia. Encuentro un telescopio en el desván y decido instalarlo en el jardín.»*

El sueño empieza por una imagen relacionada con la infancia. El telescopio invita a esta mujer a mirar hacia su pasado, como confirman la casa familiar y el desván. Paralelamente, también invita a mirar hacia arriba, es decir, simbólicamente, hacia el futuro. La existencia de un jardín, el lugar donde crecen las plantas, muestra que este examen de uno mismo hará germinar algo positivo.

> *El espejo*
> *«Estoy delante de un espejo. La cabeza me cae en las manos. Mi primer reflejo es volver a ponerla en su lugar. Pero se hace cada vez más pequeña, como si la redujeran.»*

La cabeza, sede del cerebro, está considerada el símbolo del razonamiento. La capacidad de razonar de esta mujer, es decir, de comportarse de modo razonable, se hace cada vez más reducida. El espejo no hace más que decirle la verdad y le da un consejo: debe seguir su primer reflejo y mantener la cabeza sobre los hombros...

> *La desnudez*
> *«Salgo del fisioterapeuta y me encuentro en la calle. De pronto, me doy cuenta de que no llevo pantalones. No sé dónde meterme, pero nadie se da cuenta de nada.»*

La calle simboliza el medio social. Por tanto, este sueño habla del comportamiento de la soñadora en sociedad. La protagonista sale del fisioterapeuta, un especialista del cuerpo. El sueño señala, pues, un problema de imagen física: ella cree que no gusta a los demás y su propio cuerpo le desagrada. El pantalón y las piernas desnudas parecen indicar una dificultad en el terreno sexual. Es en este ámbito donde debe formularse la pregunta importante: ¿por qué no quiere vivir una relación física, y sin duda sexual, a la que aspira? El hecho de no atreverse a buscar y a reconocer la respuesta le causa malestar. La expresión «No sé dónde meterme» subraya su dificultad para encontrar el lugar adecuado entre los demás.

Tema	Ejemplos de imágenes
1 · Valorización	Estrella, vedette, presidente, aplausos, maniquí, actor, vuelo, cantante.
Desvalorización	No encontrar el lugar en la mesa, ropa inadecuada.
2 · Energía vital/libido	Serpiente (kundalini), caída del pelo, caída de los dientes, pérdida de sangre, herida, fuego, caballo, cerdo, concha. Hospital, enfermedad.
3 · Creatividad y riqueza interior	Dinero (billetes, monedas), joyas, tesoro, manos, abejas.
4 · Sumisión	Collar, anilla, cinturón, acuario, robo, jaula, pájaro, remolque, incapacidad de expresarse, todo lo que hace referencia a la garganta (chicle, dificultad para tragar, lengua hinchada, etc.).
5 · Soledad	Falta de contactos. Imágenes de frío (nieve, hielo, frigorífico, etc.), fuego o chimenea apagados, cenizas, radiador apagado. Manos, hambre/sed.
6 · Vigilancia y culpabilidad	Frontera, aduana, pasaporte, policía, examen, nota, cámara, ojo, juez, tribunal.
7 · Transformación, evolución	Serpiente, oruga, rana, embarazo, capullo, cocina, huevo. Imágenes de muerte (cementerio, ataúd, etc.).
8 · Limpieza	Ordenar, quitar el polvo, aseos, cuartos de baño, suciedad.
9 · Extravío	Aparcamiento, calle, llave, objetos perdidos (bolso, documentación, etc.), pérdida de referencias.
10 · Mentira/verdad	Ojos, gafas, luz, máscara, pasamontañas, desnudez, faro, imágenes de sombra (bandidos, etc.), conocerse uno mismo, libro.

Los sueños premonitorios

Los sueños premonitorios existen, ciertamente, pero no todos los sueños inquietantes son premonitorios... ¡afortunadamente!

Es muy difícil saber de antemano si un sueño es premonitorio o no. Sólo después de que haya ocurrido el hecho se puede decir: «Yo lo había soñado». Por esta razón, un sueño no se puede calificar de premonitorio a priori, sino sólo a posteriori.

Sin embargo, he observado que ciertas personas parecen tener más predisposición que otras a tener estos sueños. De hecho, estas personas viven esta «capacidad» con más o menos desasosiego, ya que, como puede verse, sus sueños premonitorios anuncian más frecuentemente malas noticias que buenas... Pero para obtener la prueba, tuve que pedir a varias de las personas con las que mantenía correspondencia que anotaran sus sueños regularmente, de modo que cuando ocurriera un acontecimiento, pudieran encontrar el sueño que lo había anunciado. He llevado a cabo experiencias de este tipo que me han confirmado la existencia de los sueños premonitorios.

Sin embargo, estos son generalmente mucho menos abundantes de lo que se cree. Es necesario que el acontecimiento ofrezca varios puntos comunes con el sueño o, más exactamente, que las imágenes del sueño —incluyendo uno o varios detalles— coincidan con la realidad. Para determinar el carácter premonitorio de un sueño, se pueden establecer los siguientes cinco criterios:

— el sueño tiene que haber sido escrito, o contado a alguien, antes de que el acontecimiento haya tenido lugar. Sin prueba escrita o testimonio, es imposible obtener una prueba de la premonición;

— el sueño premonitorio comporta pocos elementos simbólicos y muchos otros que se corresponden directamente con la realidad. Por tanto, el relato del sueño debe comportar detalles concretos fieles a la realidad, como, por ejemplo, colores, situaciones, objetos, rostros, lugares, cifras, nombres, etc.

— el soñador no puede tener conocimiento del hecho por otro medio que no sea el sueño. Dicho de otro modo, este acontecimiento debe ser totalmente imprevisible e improbable. Soñar que su abuelo fallecerá cuando está muy grave desde hace días no es una premonición. Pero soñar que nuestra prima, joven y en perfecto estado de salud, muere en una cama con un colchón de flores es bastante más improbable. Y si al enterarnos de la noticia, visitamos a la familia y nos damos cuenta de que nuestra prima reposa sobre un colchón de flores, podemos afirmar que nuestro sueño no es una simple casualidad, sino que tiene un carácter premonitorio;

— también es necesario que el acontecimiento soñado sea raro o excepcional. Soñar que se va a recibir una carta no es, evidentemente, una premonición. Pero soñar que se recibe una carta certificada de Argentina con papel amarillo, por ejemplo, resulta más extraño;

— y, por último, hace falta que el azar, la coincidencia o los deseos ocultos del soñador no puedan constituir una explicación suficiente para justificar las imágenes del sueño.

Según las observaciones de distintos especialistas, el sueño premonitorio tiene lugar casi siempre veinticuatro horas antes de producirse el acontecimiento. Pero esto no es una regla absoluta. El tiempo transcurrido entre el sueño y el acontecimiento es muy variable, y va de unas horas a varios meses. Digamos que entre el sueño y el acontecimiento pueden pasar «unos días», sin indicaciones más precisas.

El psiquiatra americano Robert Van Castle, que se ha dedicado al estudio en profundidad de los sueños premonitorios, añade unas interesantes observaciones: normalmente quienes tienen este tipo de sueños son mujeres y, en la mayor parte de los casos, tratan sobre una o varias personas que están relacionadas (sobre todo afectivamente) con el soñador. Esto explicaría que las madres sean propensas a tener sueños premonitorios relacionados con sus hijos.

Estos sueños se describen como particularmente «intensos». La mujer que tiene el sueño hace una distinción entre uno de carácter ordinario y otro que ella considera premonitorio. La emoción es tan fuerte, que, al despertar, necesita tener noticias de la persona con la que ha soñado. Cuando los sueños son angustiosos, provocan el despertar, de modo que la memorización es inmediata.

Por lo general, este tipo de sueños no se olvidan.

Los sueños premonitorios son enormemente realistas, sin las fantasías oníricas ni las incoherencias habituales. El guión está mejor construido. No obstante, sorprenden e intrigan, porque relatan un acontecimiento imprevisible. Dado que el sueño premonitorio, desde mi punto de vista, es bastante raro, la gran mayoría de los sueños inquietantes responden a una interpretación simbólica. Es el caso especialmente de los sueños de muerte. Soñar que uno va a morirse es símbolo de cambio, de transformación. Soñar con la muerte de otro indica casi siempre que la relación con esta persona debe ser modificada. Los sueños de accidentes de automóvil o de ahogamientos, que son muy frecuentes, son casi siempre simbólicos y raramente premonitorios.

Por último, ciertos sueños parecen desarrollarse a la hora exacta en la que se produce el hecho, como si el soñador percibiera el último suspiro de la persona que muere o sufre el accidente. He llamado a este tipo «sueños de despedida» y he recibido testimonios impactantes. Son sueños a la vez telepáticos y premonitorios.[1]

---

1. Renard, H.: Les Rêves et l'au-delà, Philippe Lebaud-Kiron, 2001. Para informarse sobre los sueños premonitorios históricos, se puede leer Les Grands rêves de l'histoire, hasard o prémonition?, de H. Renard e I. Garnier.

Los sueños eróticos

Los sueños hablan con frecuencia de sexualidad, pero a su manera. Se debe distinguir entre los sueños que calificamos como «eróticos», los de amor y los de sexualidad «enmascarada».

Los sueños eróticos están ligados a una excitación sexual totalmente natural que provoca imágenes eróticas. Dicho de otro modo, no son las imágenes las que generan la excitación sino que, al contrario, la excitación, fisiológica es la que hace nacer las imágenes. Se sabe que, durante este tipo de sueños, el sexo está excitado hasta provocar la lubricación o la erección, con o sin emisión de esperma. Estos sueños no comportan símbolos, ya que el guión es casi inexistente. Normalmente se limitan a mostrar el sexo en acción, y se deben entender como signo de un buen funcionamiento de la energía sexual. Generalmente, procuran placer y nadie debe sentirse culpable por tenerlos. La culpabilidad no es una reacción natural, sino un fenómeno de civilización, de cultura, de prohibiciones religiosas. Dado que el sueño no se refiere a una moral, ninguna escena puede ser calificada de inmoral o anormal. Verse en una relación sexual con una o más personas no indica un deseo sexual inhibido. Al contrario, muestra que la libido funciona bien. No hay que inquietarse, y resulta mejor pensar: «¡Hoy he soñado con mi energía vital, y funcionaba bien!».

Los sueños de amor son totalmente diferentes, porque generalmente el sexo no interviene. En sueños se puede experimentar un gran sentimiento de amor por alguien, sin ningún componente sexual. Dicha persona puede ser conocida o desconocida. Evidentemente, causa una mayor alteración cuando es conocida. Cuando esto ocurre, la persona que ha tenido el sueño se pregunta si realmente siente algo inconfesado por él o por ella... Pero la persona a la que se ama durante el sueño ha de ser considerada como un aspecto de uno mismo, una complementariedad a la que se aspira. Se desea tener una relación energética plena y entera con otra parte de uno mismo. Sin embargo, este tipo de sueños también traduce una búsqueda de afecto. Suelo decir que los sueños de amor son casi siempre sueños de falta de amor, ya que el sueño pone en marcha un mecanismo de compensación: la persona sufre un vacío afectivo en la vida real y lo compensa, en los sueños, inventando una gran historia de amor. Cuando la persona amada es un miembro de la familia, el sueño puede indicar que es deseable un acercamiento afectivo.

Los sueños enmascarados. La mayor parte de los sueños que hablan de nuestra sexualidad se presentan «enmascarados»: bajo imágenes aparentemente banales, habituales, inocentes, se ocultan otras que reflejan nuestro funcionamiento sexual, nuestros deseos y dificultades. No es raro que aparezcan imágenes de jarras, cavernas, cometas, setas, perros, gatos, conchas, elefantes, paraguas, zuecos, tambores, tigres, jarrones[1] y muchas otras más, que hablan de nuestra sexualidad.

---

1. Esta lista se da solamente a título de ejemplo, según los testimonios relatados por Tchalai en su obra Le Sexe des rêves.

El simbolismo de los colores

Para cada color percibido en sueños, tenemos que realizar nuestras propias asociaciones de ideas. Las indicaciones que damos a continuación nos resultarán útiles. ¿Qué nos sugiere el color soñado?

Blanco: simboliza la pureza, con sus connotaciones de claridad, luminosidad, rectitud, justicia, bien, alegría, etc. El blanco puede indicar la aspiración al ideal, a una mayor espiritualidad.

Tradicionalmente el blanco es el color de la sábana y de los espectros. En distintos mitos, el caballo blanco se asocia con la muerte, pero, en realidad, en la mayor parte de los sueños, este animal no anuncia un deceso sino una profunda transformación del ser.

Asociado a la nieve: idea de soledad, de frialdad y de relaciones poco cálidas.

Asociado al vestido de boda: idea de una unión necesaria entre las diferentes energías que nos animan.

Negro: evoca el pesimismo, la tristeza, la inquietud, todo lo que es sombrío, oscuro, triste, hipócrita. Hoy en día puede evocar la dignidad, la elegancia, la discreción, pero son sólo significados pasajeros, ligados a la moda. En la interpretación de un sueño, más vale referirse a los significados tradicionales.

El color negro en el sueño permite identificar el estado de ánimo de la persona que sueña, perdida, incapaz de efectuar la buena elección, decaída, incluso depresiva. Un personaje vestido de negro puede simbolizar la sombra del soñador,[1] un mal comportamiento, un defecto.

Amarillo: remite al sol, a la luz, a la primavera, al oro, etc. Puede ser cálido, vivificante o cegador por su intensidad. Es un color de simbolismo ambivalente, que puede representar la energía o ser una señal de estafa. El amarillo designa la renuncia entre los monjes budistas, a los traidores entre los huelguistas. En la pintura del siglo XV, a Judas, el traidor, se le representaba vestido de color amarillo.

Azul: es el color intenso del cielo y del horizonte, atribuido a las diosas (Isis, Deméter) y a la Virgen María. Indica a la vez serenidad y protección. También es el color del consenso y, por consiguiente, de la capacidad de evitar el conflicto.

El azul, el color del mar, evoca el infinito y la profundidad. Puede ser claro y límpido, asociado al frío (los glaciares parecen azules) o a una tristeza nostálgica (el blues).

Rojo: es el color de la sangre y del fuego, de la guerra (Marte es el dios de la guerra y su planeta es rojo), de la agresividad (nos ponemos rojos por la cólera), de la pasión y de la sexualidad. El rojo es signo de fuerza, de energía, de violencia y de cólera. Es el color del semáforo, por lo cual también puede ser una llamada a la prudencia.

Verde: simboliza la regeneración, la esperanza, el crecimiento. En algunas supersticiones, el verde trae mala suerte. Al igual que el amarillo, es un color de simbolismo ambivalente, que puede ser el color de la fortuna o del

---

1. «La sombra», véase pág. 62.

infortunio, de la suerte o de la mala suerte. Por tanto, el verde está ligado al destino.

El color verde evoca la naturaleza, la salud, la ecología, la higiene, el frescor, la juventud, el verdor, la savia ascendente, el libertinaje.

Por último, el paso permitido se visualiza con una luz verde.

Lecturas recomendadas

Los sueños son un tema tratado en numerosas obras. Las que indico a continuación son algunas de las más útiles para profundizar en el tema.

CHEVALIER, Jean: Diccionario de los símbolos, Herder, 2000.

FRANZ, Marie-Louise von: La Femme dans les contes de fées, Albin Michel, «Espaces libres», 1993. Y, de un modo general, todas las obras de esta autora, una gran especialista en los sueños y el análisis de los cuentos.

FREUD Sigmund, La interpretación de los sueños, Biblioteca Nueva, 2000.
— Los sueños, Alianza, 1995.

FUKS, Paul: Les Rêves, Milan, «Les Essentiels», 1999. Un resumen claro y conciso.

HAMILTON, Edith: La mitología, Daimon, 1984. El manual de mitología más accesible y completo.

JOUVET, Michel: Le Sommeil et le Rêve, Odile Jacob, «Poches O.J.», 2000. Una aproximación científica rigurosa.

JUNG, Carl Gustav: Sobre la interpretación de los sueños en Obra completa, Trotta, 1999. Habría que leer toda la obra de este «gigante» del estudio de los sueños.

MARGUERITTE, Yves: Dictionaire des rêves, Éditions du Rocher, 1990. Pocos diccionarios de sueños son rigurosos; este es uno de los mejores.

MICHELET Sylvain, Roger RIPERT, y Nicolas MAILLARD: Le Livre des rêves, Albin Michel, «Nouvelles Clés», 2000. Una magnífica síntesis de todos los estudios sobre los sueños.

ROCHETERIE, Jacques de La: La Symbologie des rêves (2 vols., «Le corps» y «La nature»), Imago, 1988. Un gran clásico sobre la simbología.

SALVATGE, Geneviève: Le Guide du rêveur, Arista, 1989.
— Décodez vos rêves, Presses Pocket, 1992. Una guía práctica a partir de la experiencia.

TEILLARD, Ania: Ce que disent les rêves, Stock, 1970.

www.ingramcontent.com/pod-product-compliance
Lightning Source LLC
Chambersburg PA
CBHW072142090426
42739CB00013B/3257

* 9 7 8 1 6 4 4 6 1 0 8 9 3 *